날마다 함박웃음이
가득하길 기원합니다

_____ 님께

_____ 드림

웃음은 나의 생명꽃(개정증보판)

초판 1쇄 발행 2018년 4월 1일
개정증보판 1쇄 발행 2025년 11월 1일

지 은 이 이현춘
발 행 인 권선복
편　　집 박순옥, 천훈민
디 자 인 서보미
전 자 책 천훈민
발 행 처 도서출판 행복에너지
출판등록 제315-2011-000035호
주　　소 (07679) 서울특별시 강서구 화곡로 232
전　　화 0505-613-6133
팩　　스 0303-0799-1560
홈페이지 www.happybook.or.kr
이 메 일 ksbdata@daum.net

값 22,000원
ISBN 979-11-994420-6-1 (03810)

Copyright ⓒ 이현춘, 2025

* 이 책은 저작권법에 따라 보호받는 저작물이므로 무단전재와 무단복제를 금지하며, 이 책의 내용을 전부 또는 일부를 이용하시려면 반드시 저작권자와 〈도서출판 행복에너지〉의 서면 동의를 받아야 합니다.

도서출판 행복에너지는 독자 여러분의 아이디어와 원고 투고를 기다립니다. 책으로 만들기를 원하는 콘텐츠가 있으신 분은 이메일이나 홈페이지를 통해 간단한 기획서와 기획의도, 연락처 등을 보내주십시오. 행복에너지의 문은 언제나 활짝 열려 있습니다.

웃음·치유·인문학

웃음은 나의 생명꽃

이현춘 지음

웃음도 문화다	웃음이 주는 선순환
사람이 중심	개인은 물론 조직운영 및
인간관계의 영향	심리적, 사회적인
웃음이 주는 가치와 삶	인문학적 가치

Prologue

제2의 오프라 윈프리를 꿈꾸며

 15년 전 어느 날 우연히 오프라 윈프리 쇼를 보게 되었다. 주제는 '꿈은 이루어진다'였다. 자동차가 꼭 필요하지만 형편이 어려운 276명이 토크쇼에 초대되었다. 처음에 오프라는 11명에게만 고급 자동차를 선물하겠다고 이야기했다. 그러나 모두가 주인공이 되기를 간절히 바라던 발표의 순간, 놀랍게도 276명 전원에게 자동차 열쇠가 전달되었다. 뜻밖의 선물을 받은 사람들은 감동의 눈물을 흘렸고, 이 모습은 방송으로 전 세계에 전달되었다.

 기쁘게 나눔을 실천하는 오프라 윈프리의 모습을 보고서 나는 진한 감동을 받았다. 그 순간부터 그녀는 내 삶의 롤모델이 되었다. 나도 그녀처럼 힘든 사람들에게 희망을 주는 일을 하며 살아야겠다고 다짐했다. 앞으로 나아가야 할 방향을 알려준 오프라 윈프리는 그때부터 나에게는 나침반과 같은 존재가 되었다.
 현재 나는 제2의 오프라 윈프리를 꿈꾸며 12년 동안 웃음과 소통

리더십 강의를 해오고 있다. 전국을 활동 무대로 많은 사람들에게 행복과 웃음을 주고 있으며 지치지 않고 열정적으로 달려왔다. 그 과정에서 많은 웃음치료 강사들을 배출하여 그들이 지역사회에서 나와 같은 웃음전도사의 역할을 즐겁게 하는 모습을 보면서 기쁨을 만끽하고 있다.

이 책에는 내가 웃음치료와 소통리더십 강의를 하면서 행복했던 현장의 경험과 에피소드를 담았다. 그리고 웃음 덕분에 평범한 주부에서 세일즈의 여왕이 될 수 있었던 나의 비결을 아낌없이 풀어 놓았다. 건강이 무너져 삶을 포기하고 싶었던 위기의 순간, 운명처럼 웃음을 만나 제2의 뜨거운 삶을 살게 된 나의 인생 스토리가 담겨 있다. 많은 위기를 극복하고 기회를 만들어 낸 행복한 삶이다.

만학도의 꿈을 펼치면서 끊임없이 도전하며 대한민국의 최고의 강사를 꿈꾸고 있다.

삶에 지친 사람들이 이 책을 읽는다면 긍정과 열정, 용기를 갖게 될 것이다. 이 안에는 웃음치료를 통해 건강과 자신감을 찾은 생생한 나의 경험담이 담겨 있기 때문이다. 또한 웃음과의 만남이 삶의 터닝포인트가 되어 긍정의 에너지를 발산하는 모습도 볼 수 있을 것이다. 이 책을 통해 사람들의 마음의 온도가 높아질 수 있기를 간절히 바란다.

나는 웃음으로 대한민국이 행복한 세상을 만들고 싶다. 온 세상에 함박 웃음꽃이 만발하길 기도한다.

2018년 2월 봄을 기다리며

저자 이현숙

추천사

한광일
| 사단법인 국제웃음치료협회 총재

　내가 만난 이 시대 최고의 명사 이현춘 회장. 이현춘 회장과 10년 이상을 소통하고 있는데 늘 볼 때마다 깜짝 놀란다. 10년이 지나면 강산도 변한다고 하는데 전혀 지치고 않고 변하지 않고 오히려 승승장구하는 모습에 감동을 하곤 한다. 그녀는 정이 많은 강사다. 열정, 긍정, 진정, 다정, 온정 등 온통 정으로 똘똘 뭉쳐 있는 사람이다.
　이번에 수년간 준비 끝에 잉태한 『웃음은 나의 생명꽃』이라는 책은 한 강사의 파란만장한 고통 속에서 피어난 한 떨기의 생명 꽃이다.
　나는 고등학교 퇴학생이었지만 웃음치료사, 힐링지도사 등 30여 가지 자격증을 창시하고 전문가 10만 명을 직접 양성하며, 직업까지 만들면서 대학교의 석좌교수가 되었는데, 이 회장은 이보다 더 기적 같은 삶을 산 주인공이다. 대기만성형으로 나와 닮은 점이 많다. 힘든 인생 여정 속에서 공부하고 일하며, 가르치고 배우는 노력의 대가, 여장부다.

　이 회장은 대단히 매력적이다. 의리 있는 강사, 아름다운 강사, 포용력 있는 강사, 애교 있는 강사, 건강한 강사, 세련된 강사, 열정적인 강사, 자신감 넘치는 강사, 지적인 강사, 청순한 강사, 친절한 강사, 교양 있는 강사, 유머러스한 강사, 미소 짓는 강사, 다정다감한 강사, 부드러운 강사, 매너 있는 강사, 카리스마 넘치는 강사, 몰입하는 강사, 강의 잘하는 강사, 노래 잘하는 강사, 마술 잘하는 강사, 영업 잘하는 강사, 모험적인 강사, 창의적인 강사, 성실한 강사, 진지한 강사, 칭찬 잘하는 강사, 긍정적인 강사다.

　그녀는 이제 공기관에서 사회도 보고, 방송도 출연하고, 대학에서 학생들도 가르치고, 회사에서 영업왕도 되고, 드디어 책도 단독으로 내게 되었는데 대단한 성과이다. 마음껏 축하드린다.

　이 책은 절망 중이거나, 고통 받는 중이거나, 힘들어하는 모든 사람들께 추천한다. 도전과 응전 속에서 헤쳐 나가는 위대한 여정의 교훈을 배울 수 있기 때문이다.

성창운
| 캘리포니아대학 CEO과정 주임교수

　초긍정의 마인드와 초심, 열심, 중심 등의 사심을 가지고 늘 현장에서 웃음을 선사하는 명강사 이현춘 교수는 이 시대가 낳은 최고의 웃음과 소통 강사이자 리더십 강사이다.
　웃음, 마술 등을 융합하여 봉사와 헌신으로 절망에 빠진 사람들에게 희망을 쏘는 메신저 역할을 톡톡히 하고 있는 그의 힘찬 행보에 응원과 지지를 보낸다.
　이 책은 독자 여러분의 희망과 꿈을 터치하는 데 손색이 없을 정도로 아픔을 딛고 만학도로 열정을 다해 달려온 이현춘 강사의 삶에 대한 이야기다. 대한민국을 행복한 사회로 만들고 싶다는 그녀의 소망이 꼭 이루어지길 기원한다.

서필환
| 성공사관학교장, 고려대명강사최고위과정 대표강사

『웃음은 나의 생명꽃』을 강추합니다.

이현춘 교수님은 항상 언어와 행동으로 세상 사람들에게 행복을 전파하시는 전문가입니다.

진정한 웃음으로 행복이 가득한 함박꽃 행복꽃을 탄생시키시는 이현춘 교수가 다양한 사례를 글로 표현하여 세상에 내놓았습니다. 제2의 오프라 윈프리를 꿈꾸는 이현춘 교수가 이 사회에 빛과 소금으로 대한민국에 웃음꽃을 활짝 피우기를 기대합니다.

어려움을 겪고 계신 분들에게 그녀의 저서 『웃음은 나의 생명꽃』을 추천합니다.

양성길 교수
| 뉴데일리 경제 자문위원/기자,
  파워블로거

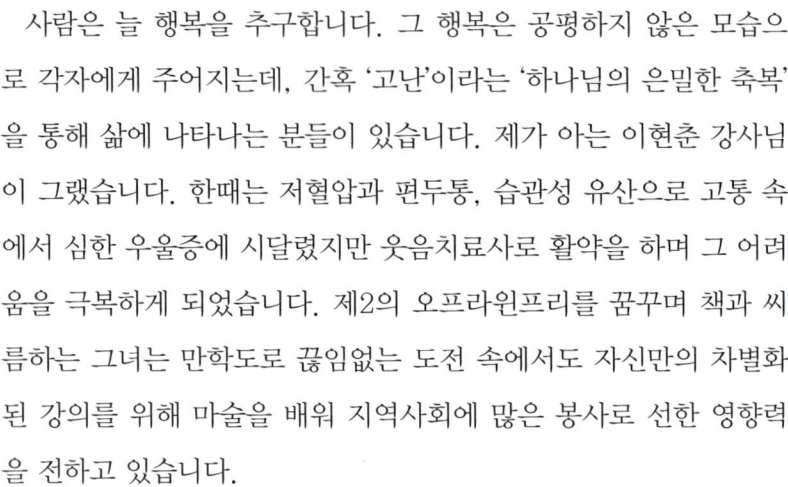

사람은 늘 행복을 추구합니다. 그 행복은 공평하지 않은 모습으로 각자에게 주어지는데, 간혹 '고난'이라는 '하나님의 은밀한 축복'을 통해 삶에 나타나는 분들이 있습니다. 제가 아는 이현춘 강사님이 그랬습니다. 한때는 저혈압과 편두통, 습관성 유산으로 고통 속에서 심한 우울증에 시달렸지만 웃음치료사로 활약을 하며 그 어려움을 극복하게 되었습니다. 제2의 오프라윈프리를 꿈꾸며 책과 씨름하는 그녀는 만학도로 끊임없는 도전 속에서도 자신만의 차별화된 강의를 위해 마술을 배워 지역사회에 많은 봉사로 선한 영향력을 전하고 있습니다.

저와는 4년 전 SNS를 통해 만나게 되었습니다. 저에게 블로그 운영법을 배운 후 꾸준히 그녀의 블로그에는 진솔한 글들이 올라오게 되었고 그 글을 통해 독자들과 소통을 하고 있습니다. 블로그를 통해 전국에서 강의 의뢰도 옵니다. 저에게 배운 SNS가 새로운 소통의 도구가 된 것입니다. 이제 그녀의 무궁한 발전과 축복이 함께 하길 두 손 모아 기도드립니다.

『웃음의 나의 생명꽃』을 읽고 열정과 긍정으로 마음의 온도가 높아지길 소망합니다.

서재균

| 국회나눔포럼CEO최고위과정 주임교수,
  글로벌리더십/스토리텔링 교육원 원장

　추천사를 부탁받고서 그녀의 이야기에 푹 빠져 반나절 만에 책을 다 읽었습니다. 그녀는 결혼 후 여러 아픔을 딛고 일어서서 이제는 사람들에게 꿈과 희망을 전하는 전도사의 역할을 톡톡히 하고 있는 명강사가 되었습니다.

　공자의 말씀에 "사람을 널리 사랑하고 어질게 대하고 그래도 힘이 남으면 글을 배운다.[汎愛衆而親仁 行有餘力 則以學文]"처럼 그녀는 오늘도 시간을 쪼개어 어려운 이웃을 돌보고 사랑을 실천하는 가슴이 따뜻한 아름다운 여인입니다.

　한국의 오프라 윈프리가 되어 꿈과 희망을 주는 전도사로 대한민국이 웃음으로 행복한 세상을 만들겠다는 아름다운 그녀의 꿈이 반드시 이루어질 것입니다. 동화처럼 풀어간 그녀의 이야기는 한 편의 드라마처럼 우리에게 잔잔한 감동을 줄 것으로 믿어 의심하지 않습니다.

유광찬
| 전주교대 14대 총장

저자와 나는 닮은 점이 많습니다. 저도 한때 가정이 어려워 고등학교 진학을 포기하고 허준처럼 한약방에서 약초를 썰면서 한의학을 공부하여 생계를 유지할 생각이었습니다. 그러다 익산 원광고등학교에서 3년 장학생 두 반을 선발하는 데 합격함으로써 제 인생이 바뀌게 되었습니다.

행복은 누가 가져다주는 것이 아니라 자기가 느끼고, 발견하고, 즐겨야만 행복해질 수 있으며, 멀리 있는 것이 아니라 우리 가까이에 있습니다. 그리고 꿈이 있어야 행복해질 수 있습니다. 꿈은 삶의 이유이자 원동력이기 때문입니다. 꿈이 있으면 희망이 있고, 희망이 있으면 에너지가 발생하고, 에너지가 발생하면 행복해질 수 있는데, 저자는 이러한 꿈을 가지고 살아온 본보기이십니다.

직장생활을 하면서 웃음치료까지 배우게 되자 저자는 꿈을 꾸었고, 어린 시절 제대로 끝마치지 못한 공부에 대한 미련과 열망이 늘 가슴에 가득하여, 낮에는 화진 화장품에서 열심히 세일즈를 하고, 저

녁때가 되면 노을을 벗 삼아 정읍으로 공부를 하러 다님으로써 어려움 끝에 고등학교를 졸업하고 대학까지 마칠 수 있었습니다. 배움을 통해서 저자는 삶의 장벽을 무너뜨리고, 긍정의 힘으로 누군가에게 꿈과 희망을 주는 멋진 강사가 되었으니 그 점 높이 평가합니다.

"배움에 때를 놓쳤다고 생각하여 후회하고 있는 분들이 있다면 늦은 나이에 고등학교부터 다시 시작한 필자를 생각하고 용기를 내셨으면 좋겠습니다. 배움에 나이는 중요치 않으며, 후회는 아무리 빨라도 늦고, 시작은 아무리 늦어도 빠르다고 할 수 있습니다."

이러한 저자의 삶이 이 사회에 반영되어 보다 더 밝고 맑은 사회를 만드는 데 큰 자양분이 될 것으로 믿습니다. 그동안 수고 많으셨습니다. 항상 건강하시고 행복하시길 기원드립니다.

이남희

| 원광대학교 평생교육원장
  원광대학교 역사문화학과교수

　오래전부터 이현춘 작가는 원광대학교 평생교육원에서 '웃음지도사' 강의를 해오고 있다. 지난여름 평생교육원에서 개최한 '웃음큰잔치'에서 큰 웃음과 마술을 자유자재로 펼치는 모습을 보면서 강한 인상을 받았다. 자연스럽게 그리고 스스로 즐기면서 한다는 느낌이 와 닿았다. 2015년 웃음과소통리더십프로강사대상, 2016년 대한민국 성공인 대상 리더십부문 수상 등이 능력을 말해준다. 『웃음은 나의 생명꽃』이라는 책 이름에서 보듯이, 어려움을 극복한 만큼 작가는 언제나 밝게 웃고 있다. 그래서 주위를 환하게 만들어 준다.

　'절망에서 핀 웃음꽃', '세일즈의 여왕', 자신감을 찾아준 웃음치료, 웃음과 소통 리더십을 통해서 우리는 작가의 어제와 오늘을 알 수 있으며, 나아가 밝은 내일을 예감할 수 있다.

유길문

| 리더스클럽회장.
  데일카네기 강사. 경영학박사

이현춘 작가는 대한민국 최고의 웃음치료 전문가이다.

왜냐하면 웃음을 통해서 인생의 전환점을 마련했고 웃음으로 사람들을 행복하게 만들기 때문이다. 웃음을 리더십과 결합해서 많은 사람들을 변화시키고 행복하게 하는 힘이 있기 때문이다.

전국을 누비며 웃음치료. 건강힐링 강의 및 코칭을 한 경험과 지혜를 바탕으로 한 이현춘 작가님의 책이 출간된다고 하니 벌써부터 설렘과 기대감으로 다가온다.

CEO 및 리더들에게 웃음으로 열정 및 에너지를 전파하는 노하우를 발견하고 싶은가?

그렇다면 『웃음은 나의 생명꽃』을 집어 들어라! 작가님의 책은 읽다 보면 어느새 웃음 및 열정 바이러스에 전염되는 흥미로운 경험을 하게 될 것이다.

Prologue _ 제2의 오프라 윈프리를 꿈꾸며   4
추천사   6

part 1
절망에서 핀 웃음꽃

절망에서 핀 웃음꽃   22
초 긍정 마인드   27
15초 박장대소의 효과   33
체온 36.5℃를 유지하라   38
웃음은 면역력이다   42
365 행복의 날 웃음의 날   47

part 2
세일즈의 여왕

하루에 3000번 감사하라	56
화진 화장품을 만나다	62
영업의 여왕	65
꿈을 이루려면 스승을 만나라	74
데일 카네기와의 인연	79
칭찬은 고래도 춤추게 한다	84
배움에 나이는 중요치 않다	89
적자생존	94

part 3
자신감을 찾아준 웃음

할아버지 할머니의 사랑	102
성공하는 사람은 외모도 잘 관리한다	106
가족들의 응원의 힘	111
도전을 두려워하지 마라	120
끊임없이 도전하는 댄스의 황제	124
원광대학교 스마일 스토리	127
시민대학 웃음치료, 힐링체조	133

part 4
웃음과 소통의 리더십

3만 원의 행복	142
교도소에서의 감동 스토리	145
대한민국 최고의 강사를 꿈꾸며	149
웃음치료와 힐링 마술쇼	156
파워블로거 양성길 교수와의 만남	161
춤보다 노래를 잘하는 강사	164
로타리클럽, 초아(超我)의 봉사	168
웃음으로 소통하는 리더십	174
국제웃음치료와의 소중한 인연	181

part 5
웃음은 긍정의 힘

내려놓으면 행복하다	188
꿈에 그리던 대학생활	193
경영학부의 아름다운 추억	198
영원한 팬들에게 감사를 전하며…	203
요리할 때 행복해	207
청소를 하면 일주일이 행복하다	212
아버지와 하모니카	217
그리운 친정엄마	222
시어머니의 애틋한 사랑	228
비 오면 행복했는데…	233
미래의 꿈 웃음치료강사 양성	236

part 6
웃음은 시너지를 일으킨다

웃음은 시너지를 일으킨다	242
하하호호 봉사단	246
웃음으로 소통하는 CEO 역량강화	251
웃음으로 소통한 CS강의	255
웃음과 자신감 & 인성교육	260
마술은 예술이고 힐링이다	265
해삼마루를 만나다	270
꿈꾸던 군부대 강의	273
예술회관 MC 꿈을 이루다	277
KBS 아침마당 출연의 꿈	282
교통방송 TBN 차차차	287
어느 날 문득	291
웃음은 인문학이다	294

Epilogue _ 감사합니다. 사랑합니다!	300
출간후기	304

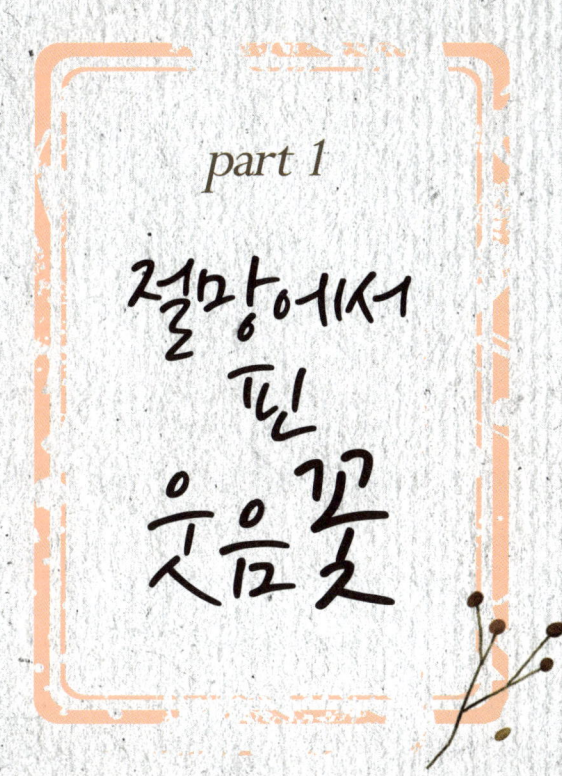

part 1

절망에서
핀
웃음꽃

절망에서 핀 웃음꽃

> 장벽이 서 있는 것은 가로막기 위함이 아니라,
> 그것은 우리가 얼마나 간절히 원하는지
> 보여줄 기회를 주기 위해서 거기 서 있는 것이다.
> – 랜드 포시, 〈마지막 강의〉

　7남매 중 6번째, 셋째 딸로 태어난 나는 조부모님과 부모님의 사랑을 듬뿍 받으며 물 맑고 공기 좋은 곳 전북 완주군에서 자랐다. 아버지는 동네 아이들이 제일 무서워할 정도로 엄하셨고, 현모양처인 어머니는 말수가 없고 오로지 살림을 하고 자식들을 키우며 시부모님께 헌신하는 삶을 사셨다. 큰오빠는 면사무소에 근무하셨고, 둘째 오빠는 외항선을 타는 멋진 마도로스였으며, 셋째 오빠는 교육 공무원이었다. 언니들은 출가해서 멀리 살았다.

젊은 시절 나는 직장생활을 잠시 하다가 시골로 돌아와 조부모님, 부모님을 모셨다. 그때 맞선을 많이 보기도 했는데 만나는 사람마다 내가 마음에 들어 하지 않으니 아버지께 핀잔을 많이 듣기도 했다.

어느 화창한 봄날이었다. 기분이 한껏 들떠서 꽃을 사고 싶은 마음에 큰올케 언니와 시장에 갔다가 우연히 가까운 친척 한 분을 만났다. 한참 이야기를 나누다가 맞선 소개를 받고, 며칠 후 약속 장소로 나갔다.

훤칠한 키에 잘생긴 남자분이 들어왔다. 내 눈에 콩깍지가 쓰였는지 선한 인상에 큰 키가 마음에 들었다. 바로 지금의 남편이었다.

그해 겨울, 1986년 12월에 결혼식을 올렸다. 어려운 가정환경에서 자수성가한 성실한 청년이었던 남편은 열심히 노력해서 결혼 전에 멋진 이층집을 장만해두었다. 신혼생활을 시할머니, 시동생들과 함께 한집에서 시작했다. 우리 부부는 휴일도 없이 매일 가게에 매달리며 열심히 살아왔다. 한겨울 추위에도 작은 석유난로 하나 피워놓고 서로에게 용기를 주면서 손을 따뜻하게 감쌌다. 오토바이로 출퇴근을 하면서도 모든 게 행복한 나날이었다.

1년 후 임신 소식이 찾아왔다. 형용할 수 없는 기쁨이었다. 입덧도 심하지 않았고 즐거움 가득한 나날이었다. 어느 날 의사 선생님께서 양수가 적으니 스트레스 받지 말고 편하게 지내야 한다고 당부를 하셨다. 스스로 건강하다고 자부했던 나는 의사 선생님의 말을 크게 의식하지 않고 지내려 했지만 나름대로의 스트레스로 힘겨운 나날을 보내고 있었다.

그러던 어느 날 청천 날벼락 같은 일이 나에게 찾아왔다. 임신 8개월째 첫 아이를 사산한 것이다. 찬란했던 삶이 깊은 수렁으로 빠져드는 듯했다. 대학병원이 떠나가도록 소리 내어 울었던 나는 한동안 병원 근처도 갈 수가 없었다. 마음이 약해져 두려움과 공포로 많은 시간을 보냈다. 그 당시에는 우울증인지도 모르고 견뎠으니 얼마나 어리석고 무지했는지 지금 생각해 보면 가슴이 아프다.

그 충격으로 쇄골이 푹 들어가고, 편두통, 어지러움, 혈액순환 장애, 수족냉증이 와서 전국의 유명한 한의원과 병원을 찾아다녔다. 하루는 경북 봉화 한의원으로 새벽에 출발했는데 여산을 지나가다 경찰에게 붙들리고 말았다. 한약을 보이면서 몸이 아파서 약을 지으러 경상도까지 간다고 사정을 이야기했더니 안쓰러웠는지 조심해서 갔다 오라며 위로받은 일도 있었다.

김천과 안동 하회마을을 지나 봉화에 도착해 간신히 진찰을 받고 한약을 지었다. 밤늦게 집에 돌아오는 길에 내가 왜 이렇게 힘들어야 하는지 원망의 눈물로 하염없이 뺨을 적셨다. 남편을 보면 미안한 마음과 죄책감이 들어 우는 모습을 보이지 않으려고 입술을 깨물며 눈물을 삼켜야만 했다.

그 후 약을 먹고 다시 임신이 되어 날아갈 듯이 기뻤다. 그러나 행복도 잠시, 또다시 습관성 유산이 되고 말았다. 몸과 마음은 형용할 수 없을 만큼 지치고 초라해져 그런 모습으로는 밖에 나갈 수가 없었다. 심신이 불안정해져 공포감마저 들었다.

"정신을 차려야 한다."

지금도 시어머니의 따뜻한 말씀이 귓전에 맴도는 것 같다.

전국에 유명하다는 한의원을 두루 찾아다니며 오랜 세월 전전긍긍했다. 다시 정신을 추슬러 시험관 시술을 위해 익산과 서울을 오가는 힘든 여정을 반복했다. 임신이 될 것이라는 한 가닥 희망을 붙들고 불안과 초조의 나날을 보냈다.

"한 번이라도 임신이 되면 좋겠어요."

병원에서 만났던 임신조차 어려운 사람들은 나를 부러워했다. 비록 번번이 유산이 되었지만 그분들에 비하면 '나는 행운아야.' 생각하며 스스로를 위로했다.

20년 전에는 시험관 시술 비용이 만만치 않았다. 몇 번 하다가 비용 때문에 중단하는 사람들이 많았다. 대전의 한 부부는 집 전세금을 빼서 병원에 왔다고 했다.

많은 임신과 유산을 반복하면서 나의 몸은 지칠 대로 지쳤고, 얼굴에는 근심이 가득했다. 그래도 아기에 대한 희망의 끈을 놓을 수가 없었다. 내 삶에서 아기는 전부였기 때문이다.

친정어머니는 딸이 임신하면 한걸음에 달려오셨다.

"이번만큼은 우리 딸에게 꼭 건강한 아이를 점지해 주세요."

친정어머니의 기도가 귓전에 울릴 때마다 숨죽여 하염없이 눈물로 베개를 적셨다. 친정 식구들과 시어머니께서는 입양을 권했지만 몸 관리를 잘해서 꼭 아이를 낳고 싶었다.

"어머님 걱정 마세요. 손주 안겨드릴 테니까요."

어머님을 안심시켜 드렸지만 삶은 뜻대로 되지 않았다. 오랜 기다림 속에서 스스로를 위안하며 살아왔다. 영원히 잠들고 싶고 모든 걸 내려놓고 싶을 때마다 부모님을 생각하고 어려움을 삭이며 하루하루를 보냈다.

힘들게 생활하던 2005년 겨울, 운명처럼 화진 화장품을 만났다. 강현송 회장님의 '여성 일복 강의'가 가슴 깊은 곳까지 큰 울림으로 전해졌다. 여성이 일을 해야 건강을 찾고 행복해질 수 있다는 말씀에 마음속 한이 햇살에 눈 녹 듯 녹아내렸다. 아기의 굴레에서 벗어날 수 있는 내 자신이 놀라웠다. 일이 삶의 힘든 모든 걸 잊게 만드는 복이란 걸 깨닫게 된 것이다. 일을 하면서 내 자신을 찾고 사랑의 감정도 회복할 수 있었다.

'남편 사업은 내가 없으면 안 된다.'는 심한 착각 속에서 살아왔던 나는 일로 인해 변화되었고 주위 사람들과도 소통하기 시작했다. 큰 어려움을 극복할 수 있는 자신감도 생겼다. 일은 내 삶을 변화시킴과 동시에 이 세상 제일 아름다운 꽃으로 내 마음속 깊이 찾아와 주었다.

일은 분명 복을 불러온다. 몸과 마음이 아프고 힘들었던 순간을 잊을 수 있었던 것은 오로지 나만의 일, 좋아하는 일 때문이었다. 일은 잡념은 물론 건강까지도 회복시켜 주고 나의 찌들었던 영혼을 정화시켜 주었다. 궁지에 몰렸을 때 스스로 변화를 시도하듯이 기존의 것을 벗어버리고 시련을 새롭게 일로 승화시키자 내면의 상처까지도 치유가 되었다.

초 긍정 마인드

> 무엇이든 이상한 일과 부딪히면 웃는 것이 가장 현명하고
> 신속한 응답이며 어떤 처지에 부딪혀도 비장의 위안이 된다.
> – 멜빌

2008년 비가 부슬부슬 내린 여름 날로 기억한다. 지인의 생일을 축하해 주고 집으로 돌아오니 저녁식사를 마친 남편은 TV를 보며 쉬고 있었다. 그런데 갑자기 남편이 옆으로 쓰러졌다.

"왜 그래?"

깜짝 놀라 달려가 정신을 차리도록 얼굴을 두들겼지만 의식이 없었다. 119에 전화를 하고 남편을 부둥켜안은 채 부들부들 떨면서 울었다. 친구 연옥이를 불렀다. 체했나 싶어 손을 땄지만 피가 나오지 않았다. 불현듯 할아버지께서 해주셨던 말씀이 기억났다.

"인중을 따서 피가 흐르면 의식을 잃은 사람이 깨어나기도 한다."
무슨 정신으로 그랬는지 남편의 손가락과 인중을 따자 피가 주르륵 흘렀다. 그 순간 남편은 잠시 눈을 떴다 감았다.

구급차가 도착해 가까운 대학병원 응급실로 남편을 옮겼다. 출혈이 심해 상황이 긴박했다. CT검사 중 먹은 것을 토해내서 그나마 다행이었다. 하지만 큰 병원으로 가야 한다는 예감이 들었다. 의사 선생님은 과다출혈로 생명을 잃을 수도 있다며 큰 병원으로 이송하는 것을 허락하지 않았다. 내 심장이 맞는 것만 같았다. 결국 병원에 책임추궁을 하지 않겠다는 각서를 쓰고서야 옮길 수 있었다.

전북대학병원 응급실로 가는 새벽녘에는 비가 주룩주룩 내렸다. 구급차를 타고 간 30분의 거리가 왜 그리도 멀게 느껴졌는지, 슬픔이 비가 되어 내리는 것 같았다.

응급실에서 중환자실로 옮겨 이틀을 더 보내고 6시간의 수술을 했다. 오전부터 들어간 수술 시간이 길어지자 입이 바싹 타올랐다. 나는 숨죽여 기다리면서 긍정의 끈을 놓지 않고 간절히 기도했다.

그 순간 남편이 깨어났다는 소리를 듣고 안으로 뛰어 들어갔다.

"내가 누구야?"

"우리 각시."

남편이 나를 바로 알아보았다. 가족들 모두 안도의 한숨을 내쉬었다.

"뭘 먹고 싶어?"

"빵…, 국수…."

남편이 평소 좋아하는 음식을 말하자 그제야 웃을 수 있었다. 하지만 그것들을 줄 수는 없었다. 남편은 밀가루와 기름진 음식을 많이 먹을 뿐만 아니라 사업상 술을 좋아하는데, 잘못된 식습관과 흡연, 음주 때문에 고지혈증이 심해지고 뇌출혈까지 온 것이기 때문이다.

'남편은 건강하게 일어날 수 있어.'라는 긍정의 마음만이 스스로를 위로하는 나날이었다. 그 당시 나는 웃음치료를 배운 지 얼마 되지 않았을 때였다. 웃음 덕분에 긍정적인 사고를 하게 된 것이 이렇게 힘들 때 소중한 보물이 될지 미처 몰랐다.

"감사합니다. 감사합니다. 감사합니다. 선생님을 만난 것은 최고의 행운입니다."

의사 선생님이 브리핑을 할 때마다 "감사합니다."를 연발하니 선생님께서는 "상황에 어려움이 많으니 긍정적으로 생각하면서 힘내시고 환자를 지켜봐주세요."라며 위로를 해주셨다. 나는 병실에서 일부러 줄곧 밝은 색의 옷을 입고 있었는데 중환자실에 다녀가신 분들 중에는 그런 내 모습을 보고 눈물 흘리며 걱정하는 분들도 있었다고 한다.

"옷 색깔이 너무 밝은 거 아니냐?"

하루는 시어머니께서 은근히 걱정스럽게 이야기를 하셨다. 그래서 이렇게 말씀을 드렸다.

"어머님, 쾌차하기를 바라는 마음에 밝은 옷을 입었어요. 하루빨리 병실로 옮겨야지요."

"할머니 괜찮아요. 저희들도 밝게 입으니까 좋아 보여요."

간호사님까지 이렇게 이야기해 주시니 결국 어머님께서 이해해 주셨다.

18일이 지나 비로소 일반병실로 옮기던 날, 나는 뜨거운 눈물을 흘렸다. 다시 깨어난 남편에게 고맙고 감사해서 "사랑해요."라는 말밖에 나오질 않았다.

병실로 옮겨서도 손발을 묶어놔야 할 만큼 한시도 남편에게서 눈을 뗄 수 없는 상황이었다. 한번은 잠깐 졸다가 일어나 보니 하얀 시트가 피범벅이 되어 있었다. 얼마나 가려웠으면 묶어놓은 손을 움직여 수술 후 꿰맨 곳을 터지게 했을까. 순간의 졸음으로 남편을 위험하게 만든 내 자신을 수없이 자책했고 그런 남편의 모습이 가슴이 에이도록 아파서 잠을 이룰 수가 없었다.

25년 동안 담배를 피워 온 남편이 죽어도 못 하겠다던 금연을 시작하게 되었다. 금연 금단현상으로 밤만 되면 엉뚱한 소리를 하는 남편을 지켜보기가 힘겨웠다. 하루하루 좋아지다가도 갑자기 이상한 소리를 하면 가슴이 철렁했다. 금단현상이 어느 정도 지나가자 차츰차츰 회복세를 보였다.

담당 교수님께서 아침 회진 시에 격려의 말씀을 해주셨다.

"천운입니다. 환자에 대해 늘 좋은 생각, 긍정적인 생각을 하신 보호자님! 대단하십니다. 부디 다른 환자들에게도 좋은 이야기 많이 해주세요."

30일 동안의 병간호로 많이 지친 나는 어느 날 시어머니께 하룻

밤 병간호를 부탁드렸다. 그리고 추석 명절에 다녀가지 못해 걱정하시는 친정엄마에게 가서 하룻밤을 자고 왔다. 다음 날 시어머니는 어젯밤 병실에서 난리가 났었다고 하소연을 하셨다.

"밤새 잠 안 자고 뭐라고 하는지 뜬눈으로 보냈다. 우리 며느리 병실에서 많이 힘들었구나!"

시어머니의 말씀에 마음의 위로를 받았다.

38일간의 병원생활 후 집으로 돌아가는 날은 꿈만 같았다. 퇴원 후에도 진료를 받으러 병원에 가면 담당 교수님의 말씀이 생각나 병실에 들러 다른 환자들에게 용기를 드렸다. 지금도 교수님의 은혜를 잊을 수가 없다. 익산에 병원으로 옮겨와 2개월 동안 재활치료를 잘 받으면서 남편은 빠른 회복세를 보여 건강하게 퇴원했다.

그 후로 산을 제일 싫어했던 남편은 전국으로 산행을 하면서 담배도 끊고 건강관리를 열심히 해 직장 생활도 잘하고 있다. 삼겹살과 기름진 음식은 먹지 않는 등 음식 하나하나에도 신경 쓰고 건강보조식품도 잘 챙겨 먹는다. 아침마다 딸기, 토마토, 블루베리 등 제철과일 생과일주스를 남편과 함께 마실 때 행복하다. 힘든 시간을 보낸 후 건강에 무던히도 힘쓰는 남편이 항상 고맙다.

남편의 회복을 믿을 수 있었던 것은 바로 웃음치료를 통해 긍정적인 생각으로 나 자신의 비관적인 생각을 이겨냈기 때문이다. 만약 내가 '웃음치료'를 만나지 못했다면 어땠을까? 웃음과의 운명 같은 만남에 감사할 뿐이다. 역경이 오면 그것마저도 나를 단련하는 고마운 것이라고 생각하는 긍정적인 생각이 나와 남편을 살렸다.

어떠한 시련과 고통 속에서도 긍정의 마음을 잃지 않고 생활을 하면 승리를 향한 통로가 열리며 자신을 이겨낼 수 있을 것이라 확신한다.

마하트마 간디가 말했다.
"생각을 바꾸면 행동이 달라지고, 행동을 바꾸면 습관이 달라지며, 습관을 바꾸면 성품이 달라지고 우리의 운명도 달라진다."

생각이 말이 되듯이 말과 행동·습관·인격을 조심해야 한다.

"당신의 인생은 당신이 하루 종일 무슨 생각을 하는지에 달려있다." 라는 미국의 사상가이자 시인인 랠프 월도 에머슨 Ralph Waldo Emerson 의 명언처럼 긍정의 마인드로 희망을 잃지 않고 매 순간 열정을 다해 살아갔으면 하는 마음이 간절하다.

15초 박장대소의 효과

> 마을에 좋은 광대들이 오는 것은
> 당나귀 20필에 실린 약보다 건강에 더 좋다.
> – 토마스 시턴햄

산에 가면 부끄러워서 메아리조차 외치지 못하는 사람이 바로 나였다. 그랬던 내가 지금은 산에서 박장대소를 한다. 사람들이 있어도 개의치 않는다. 이제는 웃음이 체화되어서 언제 어디서든 웃어야겠다고 마음먹으면 바로 나온다. 그 모습을 보고 친구들도 덩달아 배꼽잡고 웃기도 한다.

"어떻게 그런 표정이 나와요?"

등산하는 사람들이 물어보기도 한다. 웃다 보면 나도 모르게 환한 표정이 나온다.

한번은 웃음치료 선생님들과 함께 산에 올라간 적이 있다. 우리가 박장대소를 시작하자 사람들이 구름떼처럼 몰려왔다. 사람들은 발걸음을 멈추고 바라보다가 이내 우리를 따라 함께 웃기 시작했다. 누가 시킨 것도 아닌데 말이다. 웃음의 시너지가 엄청났다.

관심이 있는 사람은 웃음치료에 대해서 물어보기도 하는데, 그때는 명함을 드린다. 그러면 명함을 보고 나중에 웃음치료 강의요청을 하기도 한다.

산에서 박장대소를 할 때는 많은 사람들이 함께하면 좋다. 어차피 다 함께 웃기 위해 시작하는 것이기 때문이다. 처음에는 창피했지만 지금은 웃으면서 사람들과 사진도 찍는다. 산에서 맑은 공기를 마시면서 박장대소를 하면 마음의 문이 열린다.

요즘은 많은 사람들의 얼굴에서 웃음이 사라져서 안타깝다. 손뼉을 치며 크게 웃는 박장대소나 얼굴이 찢어질 정도로 크게 웃는 파안대소는 더더욱 구경하기 힘들어졌다. 오히려 웃으면 주름이 생긴다고 걱정하며 웃지 않으려고 하는 사람들도 있다. 하지만 건강을 위해서나 자연스러운 아름다움을 위해서라도 더 많이 웃어야 한다. 웃음에 영향을 주는 요소는 천성 20%, 환경 20%, 자신이 60%를 차지한다. 그러니 스스로 변화하기 위해서는 자신이 노력해야 한다.

나는 잃었던 웃음을 되찾는 데 많은 노력이 필요했다. 억지웃음도 90% 효과가 있다는 말을 듣고 일부러라도 많이 웃다 보니 두려움이 없어졌다. 지금은 어디를 가도 이러한 대화를 자주 하게 된다.

"미소가 아름다우시네요. 뭐 하는 분이세요?"

"웃음치료, 소통, 리더십 강사입니다."

"아! 역시 다르네요."

얼마 전에는 터미널에서 택시를 탔는데 기사님께서 얼굴에서 광채가 난다는 말씀을 해주셔서 너무도 행복했다.

15초 박장대소 효과

웃음은 부작용이 없는 치료약이다. 질병을 예방하기도 하고 치유하기도 한다. 일본의 웃음 연구가 이타미진로 씨는 암 환자와 심장병 환자의 코미디 공연을 관람하기 전과 후의 혈액 변화를 조사했다. 그랬더니 실컷 웃고 난 뒤 19명 중 14명의 혈액에서 NK세포 natural killer cell 즉, 암세포를 직접 파괴하는 면역세포가 활성화되었음을 발견했다. NK세포는 매일 생기는 3,000~5,000개 암세포를 공격해 파괴한다. 또한 암에 저항하는 면역력도 높아졌다. 웃으면 몸속 구석구석 혈액과 산소가 공급돼 폐 기능이 좋아지고, 팔을 활짝 펴고 15초 이상 호탕하게 웃으면 온몸의 통증과 염증도 완화된다. 한 번 웃으면 우리 몸의 650개 근육 중 231개가 움직이고, 얼굴 근육은 80개 중 15~16개가 움직인다. 1분 동안 실컷 웃으면 10분 동안 에어로빅, 조깅, 자전거 타기를 한 효과가 있다.

우리 몸에는 교감 신경과 부교감 신경, 두 가지 자율신경이 있는데, 놀람, 짜증, 불안, 초조 섞인 감정은 교감신경을 예민하게 만들어 심장을 상하게 한다. 하지만 웃음은 부교감 신경을 자극해 몸을 편안하게 만들고 심장병을 예방해준다.

또한 웃음은 스트레스를 진정시키고 혈압을 떨어트리며 혈액순환도 개선시킨다. 소화액 분비를 촉진시켜 식욕도 좋아지게 한다. 3~4분 동안 웃으면 맥박을 배로 증가시키고 많은 산소를 공급하며 복식호흡이 되도록 하기 때문에 마사지 효과도 있고 변비 예방에도 좋다.

소리 내서 크게 웃으면 윗몸일으키기를 25번 한 효과, 3분 동안 힘차게 노 젓기를 한 효과를 경험할 수 있다. 또한 코르티솔cortisol 분비를 억제하여 노화를 막고 뇌졸중도 예방할 수 있다.

이처럼 웃음은 우리 건강에 많은 이로움을 준다. 그중에서도 박장대소는 더욱 효과적이다. 박장대소는 15초 이상 손뼉을 치면서 웃는 것인데, 이때 다음의 세 가지를 기억하자.

첫째, 크게 웃어야 한다. 그러면 심폐기능이 좋아진다.

둘째, 길게 웃어야 한다. 그래야 뼈가 공명 상태가 되어 조혈 및 정혈작용에 도움이 된다.

셋째, 배와 온몸으로 웃어야 한다. 그러면 정장작용 및 운동효과가 있다.

웃음은 사람의 신체와 정신을 건강하게 하고, 폐 속의 탁한 공기를 빼주며 산소를 유입시켜 준다. 삶의 질을 높이며 궁극적으로 참된 행복을 주고 자신감은 물론 자존감을 향상시키는 행동을 하는 것이다.

많은 사람들이 웃음을 통해서 행복, 건강, 비전, 꿈 등의 가치를 찾을 수 있기를 바란다. 함께 웃으면 혼자 웃을 때보다 33배의 효과가 있고, 억지웃음도 90%의 효과가 있다.

인간의 복의 근원은 입꼬리에 있다. 성공한 사람 중에 웃지 않는 사람은 한 사람도 없다. 웃는 사람만이 성공을 앞당길 수 있다. 웃음의 힘은 우리를 블루오션의 세계로 안내해 줄 것이다.

우리시대 최고의 어른, 김수환 추기경은 스스로를 "나는 바보다."라고 하셨다. 어린아이부터 노인에게까지 차별 없이 친구가 되고, 아름다운 미소를 온몸으로 실천하며 솔선수범하신 분이셨다. 늘 웃으면서 아낌없이 나누셨던 김수환 추기경의 바보철학을 우리도 받아들여 배꼽이 춤추도록 건강한 웃음을 생활화하자.

下下下	하하하 마음을 내려놓고 하심한다
好好好	호호호 좋은 감정과 생각이 일어나고
虛虛虛	허허허 마음을 비워주며
喜喜喜	희희희 길하고 기쁜 일이 일어나며
解解解	해해해 스트레스를 풀어주고
厚厚厚	후후후 삶을 두텁게 살아간다는 것은

웃음으로 그 어떤 어려움도 극복할 수 있고 자신감 또한 향상시킬 수 있다.

체온 36.5℃를 유지하라

> 기뻐서 웃는 것이 아니고,
> 웃다 보니 기쁘고 행복해지는 것이다.
> – 윌리엄 제임스

내가 살던 시골에는 냉장고 있는 집이 거의 없었다. 어느 날 서울 둘째 언니가 냉장고를 사주어서 드디어 우리 집에 냉장고가 생겼다. 찬 음식을 유달리 좋아했던 내게 냉장고 얼음은 큰 즐거움이어서 어머니가 미숫가루를 타서 냉장고에 두면 얼음을 넣어 번개같이 먹어버리기 일쑤였다. 그리고 시골 읍내에 가서 아이스크림을 몽땅 사다 놓고 먹곤 했다.

"차가운 것 많이 먹으면 배탈 나! 병 생기니 그만 먹어."

친정아버지께서 야단을 치셔도 아랑곳하지 않았다.

어느 날이었다. 자고 일어났는데 속이 메스껍고 눈이 부자연스러우며 얼굴이 굳어지는 느낌이 들었다. 꽃다운 24살에 구안와사가 온 것이다. 너무나 큰 충격이었다. 부모님의 걱정이 이만저만 아니었다. 여러 병원과 한의원을 다녔지만 진전이 없었다. 작은 아버지의 소개로 침을 잘 놓는 시골 할아버지를 찾아가서 침을 몇 번 맞고서야 입이 신기하게 제자리로 돌아왔다.

건강하기 위해서는 몸을 따뜻하게 감싸주고 차가운 음식 섭취를 자제해야 한다는 것을 경험을 통해 깨달았다. 구안와사를 얻은 것은 순전히 나의 잘못된 식습관 때문이었다. 지금 와서 생각하면 부모님이 혼을 내도 찬 음식을 고집했던 어린 시절의 내가 한심하다. 뒤늦게 웃음치료를 공부하고 나서야 비로소 체온의 중요성을 알게 되었다. 얼마나 어리석고 무지했는지 고개가 절로 숙여진다.

물은 99℃가 아닌 100℃에서 끓는다. 증기기관차는 212℃에서 수증기를 발사하면서 플랫폼을 빠져나간다. 온도가 맞지 않으면 움직일 수가 없다. 또한 병아리가 알을 깨고 나오기 위해서는 21일 동안 37.7℃를 유지시켜야 한다. 이 세상에서 쓰임이 있는 모든 것들은 온도가 중요하다. 만물의 영장인 우리 소중한 몸에도 알맞은 온도가 있다. 36.5℃는 신비로운 숫자이다. 체온이 0.5℃ 내려가면 눈 떨림 증상이 오고, 1℃ 내려가면 배설장애가 온다. 또한 면역력이 30%가 저하된다는 의학계의 보고가 있다. 건강하게 사는 방법은 체온 36.5℃와 관계있다.

어떻게 하면 알맞은 체온을 유지하면서 건강하게 노후를 살 수 있을까?

첫째, 스트레스를 다스려야 한다. 만병의 근원인 스트레스는 체온을 저하시키는데, 정상체온 36.5℃에서 1.5℃만 떨어져도 암세포가 증식한다. 반대로 체온을 1℃ 올리면 면역력이 5배 높아진다. 의학의 아버지 히포크라테스Hippocrates는 "수술로 안 되는 병은 열로 치료하라."고 했다. 사실 예로부터 몸을 따뜻하게 하는 것만으로도 아픈 곳이 낫는다고 했다.

둘째, 자주 웃어서 몸과 마음을 '긍정적인 상태'로 만들어 주면 좋다. 특히 15초 이상 손뼉을 치며 박장대소를 하면서 온몸으로 웃을 때는 혈액의 온도가 43℃까지 올라간다. 암세포는 42℃에서 사멸이 된다. 요즘 많은 병원에서 웃음치료를 접목해서 환자들을 치료하는 것은, 임상실험을 통해 웃음이 치료에 효과가 있다는 것이 증명되었기 때문이다. 많이 웃게 되면 스트레스와 병을 다스릴 수 있는 힘이 생긴다.

셋째, 뜨거운 물보다는 미지근한 물을 마시는 것이 좋다. 냉장고에서 물을 꺼내면 6℃인데 몸에서 원하는 온도는 12~14℃이다. 커피를 맛있게 마실 수 있는 온도는 88℃이다. 그리고 티백차는 60~70℃에서 제맛을 낸다. 차가운 물보다 더욱 좋지 않은 것은 뜨거운 국물이다. 뜨거운 찌개를 먹다가 잘못하면 기도를 데어 염증을 일으킬 수 있다.

넷째, 체온을 따뜻하게 하는 음식을 섭취하자. 마늘, 생강, 부추, 파, 인삼, 사과, 꿀, 연근, 단호박, 밤, 검은콩, 계피, 고추, 대추 등인데, 조금만 신경 쓰면 얼마든지 음식을 통해 체온을 따뜻하게 유지할 수 있다.

   어릴 때부터 나는 음식을 먹으면 잘 체했다. 몸이 냉하고 위 기능이 약해서 성인이 되어서도 스트레스를 받으면 힘겨운 나날을 보냈다. 아랫배가 차가운 것은 물론 손발이 시리고 추위를 많이 타서 속내의를 5월이 되어서야 벗을 수 있었다. 내 몸이 주인을 잘못 만나서 고생을 했다. 다행히 웃음치료를 만나서 몸을 건강하게 되돌릴 수 있게 되었지만 잘못된 습관 때문에 회복하기까지 많은 시간이 소요됐다.

   두한족열頭寒足熱을 기억하자. 머리는 차게 하고, 발은 따뜻하게 해주면 머리가 맑아지고 속도 편안하고 쾌적한 건강 상태로 지낼 수 있다. 그래서 요즘 반신욕하는 사람들이 많다. 차갑거나 뜨거운 음식보다는 몸에 무리가 가지 않는 음식들이 우리 몸을 보호한다. 내가 나를 사랑하는 만큼 체온 유지에 각별히 신경을 써야 한다. 아무리 건강이 좋다 하더라도 실천이 따라주지 않으면 소용이 없다. 끊임없이 자신을 관리하고 사랑하면서 긍정의 마음으로 75억 인구 중 제일 행복하고 소중한 내가 될 수 있도록 노력해야 한다.

웃음은 면역력이다

웃음은 전염된다. 웃음은 감염된다.
이 둘은 당신의 건강에 좋다.
- 윌리엄 프라이

   옛날 당나라 수도 장안에 송청이라는 유명한 한의사가 살았다. 송청은 명약을 조제해 많은 환자들을 치료해 준 덕분으로 당나라 부자로 불릴 만큼 많은 재산을 모았다. 어느 날 한 의원이 송청에게 물었다.

   "당신이 돈을 벌 수 있었던 비결은 무엇입니까?"

   "모두가 구불약九不藥 덕분이지요."

   "구불약이라니 금시초문인데 대체 어떤 약입니까?"

   "아홉 개의 불不을 치유해주는 약이지요."

"그 약을 쓰면 큰 부자가 될 수 있다는 말이지요?"
"그렇습니다."
송청은 확신에 찬 목소리로 대답한 뒤 지필묵을 가져와 아홉 개의 불不의 의미를 설명했다.

불신不信: 상대방이 나를 의심하지 않게 해주고
불안不安: 나와 상대방에게 불안한 마음을 없애 주고
불앙不怏: 상대방이 나에게 앙심을 품지 않게 해주고
불구不具: 상대방에게 내 마음이 곧다는 사실을 알려주며
불치不治: 내가 약값을 속이지 않음을 믿게 해주고
불의不義: 나와 상대방에게 거리감을 없애주며
불충不忠: 내가 성의가 없다고 느끼지 않게 해주고
불경不敬: 나에게 공손하지 않다는 불쾌감을 없애주며
불구不規: 나의 언행이 원칙에 어긋난다고 느끼지 않도록 해준다.

설명이 끝나자 의원이 송청 앞으로 바싹 다가앉으며 물었다.
"과연 명약이군요. 그토록 신통방통한 약이라면 엄청 비싸겠군요?"
"이건 약재로 지을 수 있는 약이 아닙니다."
그러자 의원의 눈이 휘둥그레졌다. 송청은 한바탕 껄껄껄 웃고 나서 대답했다.
"만인을 부자로 만들어주는 구불약九不藥, 그것은 바로 '웃음'입니다."
웃음에는 강력한 치유의 힘이 있다. 구불九不은 만병의 근원이므

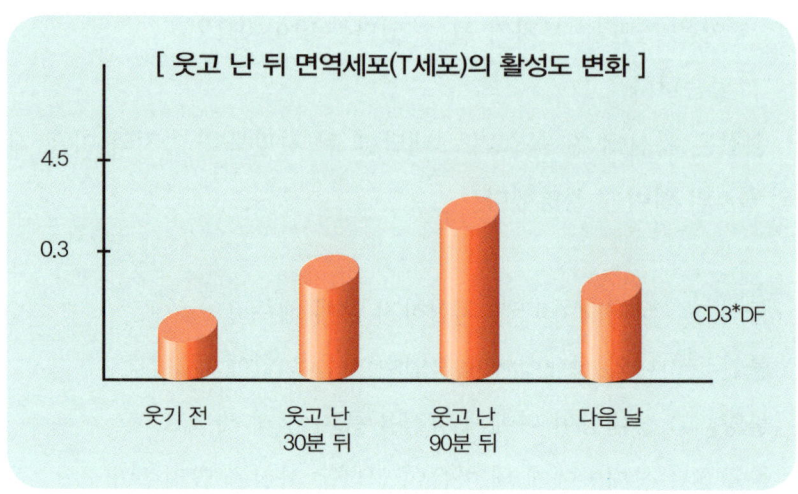

로 일상에서 웃음으로 구불을 잘 다스리면 몸을 건강하게 유지할 수 있다. 혹여 질병을 얻었더라도 얼마나 자주 많이 웃느냐에 따라 우리 몸의 면역력이 달라진다.

웃음을 통해 불치의 병을 극복한 많은 사람들이 있다. 오늘날 웃음의 아버지로 불리는 노먼 커즌스 Norman Cousins 도 그들 중 한 사람이었다.

『웃음의 치유력』이라는 책 속에서 그는 긴 병으로 쇠약해진 자신의 몸이 웃음을 통해 어떻게 회복이 되었는지에 대한 놀라운 경험을 얘기한다.

1912년 미국 뉴저지에서 태어난 언론인이자 평화운동가인 노먼 커즌스는 완치 가능성이 500분의 1이라는 강직성 척수염을 선고받았다. 그러나 좌절하지 않고 치유에 대한 강한 의지로 웃음을 건강

문화대학 '웃음은 면역력이다' 강의

회복의 강력한 도구로 활용하였다. 그는 하루 중 많은 시간을 웃기는 영화나 텔레비전 프로그램을 보면서 웃었다. 유머 책을 읽으며 '깔깔깔' 스스로 웃음을 유발했다. 10분 동안 배를 잡고 웃으면 적어도 2시간은 아픔을 느끼지 않고 잘 수 있었다. 지속적으로 즐거운 마음상태를 만들어 신경체계에 긍정적인 메시지를 보냈다. 그러자 서서히 몸에 긍정적인 변화가 일어났다. 많이 웃으면 웃을수록 고통을 견뎌야 하는 시간이 점점 줄어들었다. 그리고 놀랍게도 완치확률이 500분의 1도 되지 않는 강직성 척수염이 완치되었다. 웃음이 몸의 면역력을 높여주어 병을 극복하게 된 것이다.

어린이는 400~500번 웃는다는 조사결과가 있다. 성인들은 하루에 몇 번이나 웃을까? 평균적으로 하루 15번 정도밖에 웃지 않는다고 한다. 그 중에는 비웃음도 포함된다. 놀라울 정도로 비교되는 수치다.

어떻게 하면 일상에서 자주 많이 웃을 수 있을까? 먼저 입꼬리를 올려주는 연습을 하자. '하, 히, 후, 헤, 호', '아, 에, 이, 오, 우' 또는 '리' 자로 끝나는 '미나리, 개나리, 소쿠리, 유리항아리, 개구리뒷다리'와 같은 단어들을 발음하면서 입 주변의 근육들을 움직여준다. 이렇게 매일 21일 정도 꾸준히 연습하면 뇌에 각인이 되어 자연스럽게 입 주변의 근육이 웃음 띤 형태가 된다. 얼굴 표정이 우리의 감정을 만든다. 웃음 띤 표정은 즐거운 마음상태를 만들기 마련이다.

다음은 긍정적인 생각을 해야 한다. "웃고 있어야 복이 들어온다."는 옛말이 있다. 어떤 사람들은 "웃을 일이 있어야 웃지."라고 말하지만 긍정적인 생각을 하면 힘든 상황이 오더라도 그 안에서 웃을 수 있는 긍정의 요소들을 발견하게 된다. 마음의 문을 열고 있어야 웃을 일이 생긴다. 윌리엄 제임스William James는 '행복해서 웃는 게 아니고 웃기 때문에 행복하다.'고 말했다.

"인생을 가까이 들여다보면 비극이지만 멀리 떨어져 보면 희극이다."
- 찰리 채플린

내가 좋아하고 즐기는 상황은 가까이 당기고 문제는 떨어져서 보면 인생을 희극으로 만들 수 있다. 현 사회 상황이 힘들지라도 웃을 일을 만들면서 건강을 위해서라도 웃음을 생활화하자. 따뜻한 음식, 적절한 운동과 숙면도 중요하지만 신이 인간에게 준 최고의 선물, '웃음'을 잘 활용하여서 우리 몸의 면역력을 높이자.

365 행복의 날 웃음의 날

> 오늘 새우잠을 잔다 해도 내일은 고래가 되리라
> – 국제 웃음치료 한광일 총재

'365 행복의 날 웃음의 날' 행사는 세계 최초 웃음치료사 창시자인 국제 웃음치료협회 한광일 박사와 함께한다. 365일 매일 웃으며 건강한 사회를 만들자는 취지에서 시작되었으며, 대한민국은 물론 온 세상에 웃음을 전파하는 데 목적이 있다. 365를 의미하는 매년 3월 6일 5시에 행사가 진행된다.

제1회 '365 행복의 날 웃음의 날' 행사는 2015년 3월 6일 서울역 광장 한국웃음치료센터에서 열렸다. 전국에서 모인 웃음치료 지회장들과 강사들은 다 함께 서울역 센터에서 남산으로 걸어 올라갔다. 오랜만에 설렘과 흥분을 느끼는 시간이었다.

오후 1시. 남산에 모여 각 지역의 강사들이 한 사람씩 앞으로 나와 박장대소, 포복절도, 요절 복통하는 시간을 가졌다. 첫 주자로 내가 나갔다.

"익산에서 온 웃음치료 강사 이현춘입니다. 여러분과 함께 크게, 길게, 큰소리로 배와 온몸을 이용해서 웃어보겠습니다. 우~하하하 하하~"

사람이 많을수록 자신감이 커지는 나는 그 어느 때보다도 남산이 떠들썩하게 웃었다. 내가 웃음의 포문을 열고 나니 다른 분들도 자신 있게 나오셔서 15초 박장대소를 했다. 남산에 있는 시민들과 외국인들도 웃음에 동참하여 자신감 향상에 큰 도움이 되었다. 아름다운 포즈로 사진을 찍으며 강사님들과 행복한 시간을 보냈다.

이듬해 열린 제2회 '365 행복의 날 웃음의 날' 행사는 광화문과 청계천 일대에서 열렸다. 전북지부가 제일 일찍 광화문에 도착한 덕분에 이날 행사에 참여하는 사람들을 웃음으로 맞이할 수 있었다. 강사님들은 세종대왕 동상, 청와대 앞, 청계천 등 웃음이 넘쳐나는 현장을 추억으로 남기기 위해 분주히 사진을 찍기도 했다.

오후 2시에는 광화문 광장에 200여 명의 사람들이 모여 동시에 박장대소를 하는 퍼포먼스를 벌이니 현장은 웃음과 열정의 도가니가 되었다. 최은미 교수의 '무조건' 율동은 최고의 인기를 얻었다. 그런데 웃음소리가 얼마나 떠들썩했는지 깜짝 놀란 경찰들이 와서 제지하는 웃지 못할 상황이 벌어졌다. 행사의 취지를 말씀드리자 다행히 계속 진행해도 좋다는 동의를 얻을 수 있었다.

제2회 '365 행복의 날 웃음의 날' 행사 후

광화문 광장을 걷다가 교보빌딩에 걸린 아름다운 글이 시선을 끌었다. 이 한 편의 시를 보면서 얼마나 마음이 여유롭고 평화로웠는지, 가끔씩 그때 생각이 난다.

봄이 부서질까 봐
조심조심 속삭였지
아무도 모르게 작은 소리로

물길 따라 걷다 보면 어느새 맑아진다.
오늘 우리 걷자
이 길을 따라

이날 행사의 열기는 청계천에서 무르익었다. 웃음치료 강사들은 페이스페인팅을 하고 청계천 시냇물을 따라 걸으면서 시민들과 어우러져 웃음 퍼포먼스와 율동을 선보이며 잊지 못할 추억을 남겼다. 총재와 남도진 교수의 기타에 맞춰 진행된 레크리에이션은 그날 행사의 하이라이트였다.

제3회 365운동은 '세계 웃음의 날 행복 콘서트'라는 주제로 2017년 3월 6일에 서울 시민청 태평홀에서 성대하게 개최되었다. 전국에서 교수, 강사들 200여 명이 모였다. 부산 '하하호호 봉사단'의 이미숙 교수, 순천 '시니어 체조팀'의 강혜경 교수가 멋지게 이날 행사의 문을 열어주었다. 이어진 전국 총재 위촉식에서 나는 익산시 총재 위촉장을 대표로 받았는데 큰 영광이었다.

2부 행사는 청계천에서 5시에 시작되었다. 시냇물이 맑게 흐르는 청계천을 따라 걸었다. 문득 '상선약수上善若水'라는 말이 떠올랐다. 노자는 선善은 물과 같다고 했다. 물은 모든 것을 겸허하게 받아들이고 부쟁의 덕을 이룬다. 웃음치료 역시 모든 것을 받아들일 수 있는 포용력을 갖게 해준다.

365 행사에는 전북 지회 교수가 함께 했다. 각설이 김만자 강사

제3회 365운동은 '세계 웃음의 날 행복 콘서트' 후

의 뜻깊은 무대에 설 수 있는 절호의 찬스도 있었다. 입담 좋고, 각설이 춤을 신명나게 추는 강사님 덕분에 한껏 웃으며 즐거운 시간을 보냈다. 오랜만에 덕수궁 돌담길을 걸으며 옛 추억도 회상했다.

3부에서는 저녁식사를 하면서 이날 여정을 마무리했다. 노래할 때 행복함을 느끼는 나는 총재님의 요청으로 라이브로 노래를 선물했는데 큰 박수와 앙코르까지 받았다. 이날은 소통과 화합의 무대로 대한민국에 웃음을 선물한 최고의 날이었다.

기차를 타고 익산으로 오는 길에는 마음에 여유로움이 가득했다. 웃음으로 만난, 수많은 소중한 인연에 대한 감사함을 마음 깊이 새겼다. 대한민국에 웃음의 씨앗을 사명감으로 전달하는 국제웃음치료협회 한광일 총재, 최은미 부회장, 각 지회장들, 강사들께 깊은 감사를 드린다.

국제웃음치료 협회에는 140개 지부, 전문가 10만 명의 웃음치료사들이 등록되어 있다. 나는 사명감을 갖고 대한민국 웃음치료의 밀알이 되고, 행복한 사회를 만드는 데 일조할 것이다. 웃음은 건강을 좋아지게 하는 것은 물론 자신의 내면의 가치를 올려주고 자신감과 자존감을 향상시키는 선택이며 행동이다. 나는 웃음으로 365일 인생을 소풍 가는 날처럼 살고 있다.

'대한민국 국민이 행복한 그날까지 365 행사는 계속 이어질 것이며 온 세상에 웃음을 선물할 것이다.'라는 한광일 총재의 뜻을 받들어 나는 지회장으로서 열심히 365행사가 발전되도록 노력하겠다.

죽을 때까지 자신을 배반하지도 떠나지도 않는 것이 사람들이 가지고 있는 재능이다. 365 행사를 통해 자신의 재능을 발표함으로써 더욱 발전하고 화합하며 소통하기를 바라며, 국제웃음치료 협회의 더욱 멋진 활약도 기대해 본다.

기와 하나가
처마 밑으로 떨어져
얼굴 한 쪽이
금가고 깨졌지만
웃음은 깨지지 않고

나뭇잎 뒤에 숨은
초생달처럼 웃고 있습니다.

- 이봉직의 시 '웃는 기와' 中

part 2
세일즈의 여왕

하루에 3000번 감사하라

> 감사의 분량과 행복의 분량은 비례한다.
> – 마하마트 간디

'낫는다고만 하면 똥물이라도 먹겠어.'

한때는 이런 말도 안 되는 생각을 할 만큼 몸이 많이 아팠다. 하루는 지인이 산삼을 먹으면 몸 아픈 데 효과가 있을 것이라고 말했다. 마음이 절박한 나는 건강에 좋다고 하면 흘려듣지를 못했다. 산삼이 비쌌던지라 겨우 한 뿌리를 구해서 남편에게는 말도 못 하고 혼자서 몰래 먹었다. 이제야 고백한다. 이왕이면 효과를 제대로 보고 싶어서 하루 동안 밥을 굶은 다음에 토종꿀을 묻혀서 꼭꼭 씹어 정성스럽게 먹었다. 그러나 산삼 한 뿌리로도 몸은 회복될 기미가 보이지 않았다.

그러던 어느 날 유명한 강사의 웃음치료 강연에서 들은 이야기가 뇌리에 오래 남았다.

"하루 3000번 감사를 하면 산삼을 먹은 것보다 효과가 좋습니다."

이대로 실천하면 여러모로 도움이 될 것 같은 좋은 예감이 들어 '하루 3000번 감사'를 실천해보기로 마음먹었다.

먼저 '감사일기' 쓰기를 시작했다. 평소 꾸준히 일기와 가계부를 써왔고 반야심경을 붓펜으로 필사해 본 경험도 있기 때문에 어려움이 없을 듯했다. 그러나 문제는 감사할 거리가 잘 생각나지 않는 것이었다.

그 당시 나는 결혼 초부터 시할머니에 시동생들까지 함께 살았는데 내 삶을 운명으로 받아들인다고 말하면서도 마음속에는 원망이 가득했다. 스트레스로 표정이 어두워지고 몸도 마음도 아프기 시작했다. 도무지 즐거움을 떠올리지 못하는 삶이었다. 한참을 고민하다가 아주 사소한 감사거리를 떠올려 노트에 써 내려갔다. 습관이 되기까지 쓰고 중단하기를 반복했다. 이제는 강의할 때 청중들에게도 '감사일기'를 권하고 있다. 매일 운전대를 잡으면서 "이현춘, 오늘은 내 생애 최고의 날이다!" 3번 외치며 "감사합니다!"를 외치는 것은 이제 일상생활이 되었다.

감사를 온 마음과 몸으로 느끼기 위해 '3000배'를 결심하고 언니들과 1박 2일로 강원도 홍련암에 갔다. 도착하니 동해의 푸른 바다 파도소리가 다른 때와 달리 내게 비장한 각오를 불러일으켰다. 저녁식사를 간단히 한 후 작은 법당에서 저녁 예불을 드리고 3000배 정진에 들어갔다. 모든 걸 내려놓고 참회하는 시간이었다.

'건강한 아기를 갖게 해주세요.'

염주를 돌리며 간절히 기도했다. '간절히'는 간이 저릴 정도로 기도를 하는 것이다. 염원을 담아 절을 하는데 참았던 눈물이 주체할 수 없이 흘렀다. 옆 사람들에게 방해가 될까 봐 나와서 마음을 가다듬고 다시 기도를 이어갔다. 자정을 넘어 새벽이 오니 이번에는 참았던 눈물이 폭포수처럼 쏟아졌다. 마지막으로 법당을 나와서 언니들과 부둥켜안고 한참을 울었던 기억이 난다.

생애 처음으로 3000배를 무사히 마친 내 자신이 감격스러웠다. 잊지 못할 8시간은 고통을 인내하고 마음을 내려놓는 시간이었기에 3000배 후에는 나에게 환호의 박수를 보냈다.

새벽 예불 후 스님께서 다기의 물을 한 잔 마시라고 주셨는데 마치 산삼 한 뿌리를 먹는 것 같은 기분이었다. 한 모금 한 모금 귀하게 삼켰다. 아침 식사 후 지친 몸을 이끌고 다른 사찰을 경유해서 집으로 왔다. 마음이 정화된 기분이었고 형용할 수 없는 감사함이 밀려왔다.

그 후에는 강원도 백담사를 경유하여 대청봉을 다녀왔다. 버스로 가니 아침 일찍 출발해도 저녁때가 되어서야 도착했다. 한참을 걸어올라 백담사에 이르렀다. 밤하늘의 초롱초롱 빛나는 별들이 어찌나 쏟아질 듯 아름다웠는지 마치 별빛이 가슴속으로 들어오는 것만 같았다. 사찰에서 설레는 하룻밤을 보내고 새벽녘에 주먹밥을 들고 대청봉 봉정암을 향해 올라갔다. 8시간의 긴 여정이었다. 점심으로 주먹밥을 먹었는데 그만 체하고 말았다. 머리가 지끈지끈 아프고 식은땀을 흘리기 시작했다. 함께 간 언니들이 걱정을 많이 하셨다.

"힘들면 내려가자. 얼굴이 창백해서 안 되겠어. 다음에 다시 오면 되지 뭐."

난 손을 따고 잠시 안정을 취한 뒤 이렇게 말을 건넸다.

"전 괜찮아요. 오늘 대청봉을 꼭 올라가야 해요."

무모한 도전이었다. 언니들을 안심시키며 대청봉에 꼭 가야 한다고 고집을 부렸다. 깔딱고개를 올라가는데 숨이 깔딱거릴 정도로 힘이 들었다. 그 산만 넘으면 봉정암이 보인다고 하니 더욱 정신을 차렸다. 다행히 일요일마다 익산 미륵산을 등산한 덕에 어려움을 극복할 수 있었다.

대청봉으로 가는 길에 푸르른 나무들이 눈에 들어왔다. 비바람과 매서운 폭풍에 누워 있는 자세였다. 곧게 자랄 수 없는 환경이었다. 자연에 순응하며 자란 나무들이 위대해 보였고 경이로웠다. 모든 명품 바이올린들은 이처럼 인고의 세월을 견딘 나무들로 만들어지기 때문에 아름다운 선율로 사람들의 감성을 자극할 수 있지 않을까 생각해본다.

중천봉에서 식은땀을 흘리면서 창백한 얼굴로 벌렁 누워버렸다. 잠시 후 정신을 차리고 인내와 끈기로 드디어 대청봉 정상에 도착했다. 내 생애 처음으로 해발 1,708m 고지를 오른 잊지 못할 날이었다. 힘든 여정을 잘 견디고 목적지에 다다른 내가 자랑스러웠다.
 저녁은 속이 좋지 않아 먹지 못하고 철야기도를 시작했다. 전국에서 온 사람들로 봉정암은 발을 디딜 틈이 없었다. 말 그대로 인산인해였다. 그 가운데에서 일흔이 넘은 어르신을 만났는데 힘든 봉정암에 벌써 세 번째 오셨다고 한다. 큰 감동을 받았다.

 저녁 예불이 시작되었다.
 "많은 미생물과 나뭇가지를 부둥켜 잡고 대청봉에 올라오면서 얼마나 감사하고 행복한지 생각해보셨어요?"
 스님이 질문을 하셨다. 나 혼자가 아닌 자연의 도움으로 대청봉까지 올라오게 되었음을 받아들이는 시간이었다. 그날 밤 주지 스님의 법문을 듣고 나를 다시 한번 돌아보며 더욱더 감사를 생활화하는 계기로 삼았다. 또한 많은 반성을 하게 되었다. 새벽녘 일찍 내려오면서 돌아보니 자연이 위대하게 느껴졌고 한 그루의 나무도 소중하게 보였다.

 밤늦게 익산역에 도착하니 내 생전 처음으로 남편이 나와서 기다리고 있었다. 평생 잊지 못할 3박 4일 여행이었다. '이 세상에 이겨내지 못할 것은 하나도 없다.'는 것을 새삼 깊이 느껴보았다. 이것은 홍련암과 대청봉을 찾아가 3000배 절을 할 때 마음속에 떠올랐던 귀한 깨달음이다.
 나는 힘이 들 때 그때를 떠올리면 내 안의 깊은 곳에 숨어 있던 엄청난 자신감과 에너지가 솟아난다. 하루 중 틈틈이 감사할 것들을 떠올리면서 기도한다. 이렇게 생활하면 세상에 행복하지 않은 것이 하나도 없다는 것을 깨닫게 된다.

　감사한 만큼 행복하다. 동행하면서 위로해 준 언니들에게 고마움을 전하고 싶다. 그때의 열정과 자신감이 강의에 많은 도움이 되었다. 이 세상에서 제일 행복한 나를 영원히 응원하고 지지할 것이다. 멋진 꿈을 향하여….

화진 화장품을 만나다

> 웃는 사람은 세상을 향해 열려 있고,
> 우는 사람은 다만 자신의 세계와 고통만 본다.
> – 헬뭇 플레스너

"저도 데리고 가주세요."

"동생이 어떻게 가려고?"

2005년 수능을 며칠 앞둔 추운 겨울날이었다. 화진 화장품 교육을 받으러 간다고 자랑하는 언니에게 나도 데리고 가달라고 했더니 깜짝 놀랐다. 사실 나는 교육을 2시간 받으면 주는 '섹시립Sexy Lip' 립스틱에 욕심이 있었다. 선물을 받을 수 있는 절호의 기회였다.

오랫동안 나는 스트레스로 인해 저혈압, 편두통, 수족냉증, 어지럼증 등으로 힘든 시간을 보냈다. 마음이 초조하고 불안한 우울한 날의 연속이었다. 눈이 어른거리고, 몸은 허약하고 만신창이가 되어서 전국의 한의원과 병원을 찾아다니며 전전긍긍했다. 타인을 향한 원망과 증오가 내 안에서 깊숙히 자리 잡고 있었다. 사는 게 힘들어서 영원히 잠자고 싶다는 생각도 많이 했다. 변화가 절실히 필요했다.

"열심히 일을 해야 건강을 되찾고, 삶의 변화를 가져올 수 있습니다."
화진 화장품 강현송 회장의 말씀이 큰 울림으로 다가왔다. 일복 강의를 들으면서 머리를 뽕망치로 한 대 맞은 것 같은 전율이 온몸에 흘렀다. 평소에는 10시간을 자고도 수면이 부족했던 내가 일복 강의를 듣고 난 뒤부터는 이상하리만큼 아침 일찍 일어났다. 교육이 기다려져서 늦잠을 잘 수가 없었다. 강의에 완전히 매료되어 열심히 내용을 메모했다. 아침이 행복해지자 건강에 대한 강박관념이 서서히 눈 녹듯 사라졌고 건강이 조금씩 좋아지기 시작했다.

열정적으로 일하는 지점장과 관리자들을 보면서 새로운 세계에 대한 마음의 문이 열리는 것을 느꼈다. '무언가를 할 수 있다.'는 자신감이 속에서 꿈틀거리며 올라왔다. 또한 강의를 듣기 전에 아침마다 율동과 노래로 시작을 했는데 나에게는 신선한 충격이었다. 아침마다 노래를 부를 수 있어서 참으로 행복했다.

서울 시상식 후

강의에 푹 빠져 있던 어느 날, 메모를 하는 것을 보고 본부장님께서 나에게 입사할 것을 권했다. '美'와 건강에 관심이 많았던 나는 화장품과 건강식품을 저렴하게 구입할 수 있는 절호의 찬스를 놓칠 수 없었다. 아침마다 일찍 출근해서 열심히 일하는 화진의 여성들이 여전사들 같았다. 나도 모르게 영업의 야릇한 마력에 빠져들었다.

나는 그 무엇이라도 누군가와 나눌 때 행복하고 삶의 희열을 느낀다. 화진 화장품에서 교육을 받으면서 삶의 여유를 조금씩 찾았고 나눔을 실천하게 되었으며 내 인상이 변하기 시작했다. 그렇게 기회가 찾아오고 있었다.

영업의 여왕

> 인생이 엄숙하면 할수록 웃음은 필요하다.
> — 빅토르 위고

화진 화장품에 출근해 아침마다 국기에 대한 경례와 조회를 들으면서 멋진 세상이 시작되었다. 고작 선물 하나 받고 돌아갔으면 지금쯤 어떤 삶을 살고 있을까? 분명 이 글을 쓰고 있지는 않을 것이다. 립스틱 선물을 받고 나니 나눠주고 싶은 사람이 무척이나 많았다. 친구들과 가족, 그리고 18년 동안 사업을 하면서 알게 된 지인 등 소중한 사람들에게 립스틱을 선물하고 싶다는 생각으로 열심히 출근을 했다.

화진에서의 새로운 시작이 순탄했던 것만은 아니다. 가족들의 반대가 심했다. 친정 식구들은 무슨 화장품 장사를 하냐며 막무가내로 말렸다.

"몸도 안 좋고 그러니 가게에 나와서 전화 받고 남편 일이나 도와라."

시어머니께서는 익산으로 쫓아오셔서 그만두라고 이만저만 성화가 아니셨다.

친한 친구들도 내가 걱정이 되어 조심스럽게 말을 건넸다.

"대한민국 사람 다 해도 현춘이 너는 화장품 못한다."

"그래 나도 절대 못 하지. 내가 어떻게 해."

나는 원래 숫기가 없고 내성적일 뿐만 아니라 남에게 주는 것을 좋아했다. 게다가 남에게 아쉬운 소리를 못하는 성격이었다. 아기를 갖기 위해 병원을 다니면서도 남편 사업을 돕고 화장품까지 한다고 나서니 친구들이 걱정을 많이 했다. 나 역시도 맞장구를 쳤던 기억이 난다. 그렇게 자신 없어 하던 내가 한 달 정도 다니자 친한 친구들이 놀라운 눈으로 바라봤다.

본부장 지점 1등. 서울63빌딩

"저는 판매는 절대 못합니다. 제 것만 사서 쓰겠습니다."

처음에는 영업에 자신이 없어서 지점장께 이렇게 이야기를 했다. 하지만 회사에서 증원을 하라는 지시가 내려왔을 때는 더 이상 못한다고 버틸 수가 없었다. 바로 이때 자신 없는 나와 성공하고 싶은 나 사이에서 갈등이 있었고 교육이 갈등을 해결하는 가교 역할을 했다. 마음의 문이 조금씩 열리기 시작하며 자신감이 꿈틀대는 것을 느꼈다.

남편과 같이 일할 때 우리 가게는 참새방앗간이었다. 많은 사람들이 놀다 가기도 하고 인생 상담도 했다. 지인들은 어려움이 있으면 나를 찾아왔고 나는 지인들의 얘기에 공감해주면서 마음을 나눴다. 커피 한 잔에 정감 있게 마음을 터놓고 어울린 사람들이 많았다.

처음에는 누군가에게 화장품을 사라고 말하는 게 싫어서 많이 망설였다. 그런데 교육을 받으면서 '영업은 물건을 파는 것이 아니라 소비자에게 필요한 것을 전달하는 것이다.'라는 것을 깨달았다. 내가 영업에 대한 마음의 문을 열자 사람 모집에 자신이 생겼다. 우리 가게를 찾아주었던 지인들이 화진 화장품에 물밀듯이 밀려와서 교육을 받기 시작했다. 그 덕분에 나는 6개월 만에 본부장이 되었다.

자신감이 생겨 화장품을 한 가방 가지고 나가면 지인들에게 모두 판매하고 돌아왔다. 그렇게 희열을 몇 번 맛보게 되자 이 일이야말로 여성으로서 나를 성장시키는 최고의 멋진 직업이라는 생각이 들어 점점 영업에 매료되었다.

"영업은 아는 사람한테 하면 상처받기 쉬우니 모르는 사람한테 가서 개척을 해야 합니다."

한번은 이런 내용의 교육을 받았다. 하지만 모르는 사람에게는 죽어도 물건을 팔지 못할 것 같았다. 창피하기도 하고 주변에 고객이 되어 줄 든든한 지인들이 많은데 굳이 낯선 곳으로 가고 싶지도 않았다. 어느 날 상무님께서 새로운 시장 개척에 뒷걸음치는 내게 그냥 바람 쐬러가자고 하시기에 별생각 없이 부안, 김제 쪽으로 가는 다섯 명의 일행을 따라갔다. 하지만 그때는 몰랐다. 놀러간다는 의미가 세일즈를 하러 가는 것이었음을. 도착하니 어깨띠를 메고 미용실로 들어가라고 하셨다.

"안녕하세요."

"화장품 필요 없습니다."

인사를 한 것뿐인데 바로 문전박대를 당했다. 순간 창피하고 낯이 뜨거워서 쥐구멍에라도 들어가고 싶은 심정이었다. 제품 이야기는 꺼내보지도 못하고 나와 버렸다. 지점장님께서 이왕 들어갔으면 선물이라도 드리고 나오라고 조언해 주셨는데 준비해 간 선물도 드리지 못했다. 그때 내 모습이 얼마나 초라했는지 잊히지 않는다.

그 다음에는 영업 개척활동을 나갔다. 휴대폰과 돈을 반납하고 현장에서 제품을 판매해 점심을 해결해야 했다. 나에게는 미용실이 제일 만만했다. 세 번째 들어간 미용실에서 원장님께 마스카라를 열심히 설명하여 드디어 하나를 팔았다. 2만 원을 받고 뛸 듯이 기뻐하며 터미널로 가서는 우유와 빵을 사서 넷이서 점심을 해결했다. 네 명 중 나 혼자만 판매를 해서 한 턱을 냈던 행복했던 추억이 떠오른다.

지금 생각하면 자신감도 없고 모든 게 나약해서 나와의 싸움도 많이 해야 했다. 교육을 열심히 받고 현장으로 극기 훈련도 많이 나갔다. 많은 노력 끝에 5명의 본부장을 만들고 고속으로 지점장이 되었다. 나는 인간관계나 어울림에 있어서 다른 사람보다 사교성이 좋았다. 사훈인 '진실, 정성, 봉사'를 모토로 일하다 보니 하루하루가 신바람이 났다.

본부장을 한 명 더 만들어 내면서 지점장에 대한 자신감이 생겼다. 그 결과 아침 관리자 조회 1시간 교육을 부여받았다. 지점에 오는 사원들에게 행복을 전해주고 싶었다. 그래서 웃음치료를 배우기 시작했다. 웃음치료를 배우면서 부정에서 긍정으로 마인드가 변하다 보니 상상할 수 없을 만큼 영업은 상승 가도를 달렸다. 63빌딩, 힐튼호텔 등에서 열리는 시상식에 매월 참가하게 되었다. 열심히 일해 성공자 대열에 선 행복감은 이루 말할 수 없었다.

서울힐튼호텔 시상식, 팀 매출 전국 8등

　열심히 일하고 지역사회 봉사와 강의도 병행하면서 많은 성과를 올렸다. 최고의 기록은 전국 5만 명 중 8등을 한 것이었다. 회사에서 주는 특별선물과 지점에서 주는 이명순 상무님의 맞춤의상 선물을 받기도 했다. 나와 동행하며 열심히 일하는 김순진 본부장님, 언니가 있어 항상 든든했다. 익산지점에서 13년을 함께해 온 상무님, 본부장님, 사원들께 깊은 감사를 드린다.

　밤낮을 가리지 않고 열심히 뛰어 외국 여행의 기회도 받았다. 잊을 수 없는 여행은 코타키나발루Kota Kinabalu 보르네오Borneo 섬을 화진 화장품 본사 회장님과 함께 대한항공 전세기편으로 다녀온 것이었다. 어느 대기업도 회장님과 직원들이 전세기를 내어 동행하는 일은 없다며 항공사 직원들이 놀라워했던 기억이 난다. 보르네오 섬의 불타오르던 저녁노을은 내 생에 최고의 환상적인 저녁노을이었다. 지금도 코타키나발루 산에서 찍었던 사진을 보면 눈물이 핑 돌 정도로 감동이 밀려온다.

코타키나발루에서

지점장 시절의 잊을 수 없는 추억 중 하나는 2박 3일 일정으로 경기도 세일즈 사관학교를 다녀온 것이었다. 얼마나 지독한 교육을 받았는지 눈물도 많이 흘렸다. '자신감 글'을 외워야 통과를 할 수 있는데 술술 잘 읽었던 글도 사감선생님 앞에만 서면 그냥 백지장이 되었다.

눈에 안대를 하고 낮은 산을 짝꿍의 부축을 받으면서 올라가는데 200여명의 지점장들이 눈물을 흘렸다. 혼자 힘으로는 아무것도 할 수 없는 시간이었다. 산에서 내려올 때는 영업 주문을 외워야 내려올 수 있었는데 나는 바로 통과할 수 있어서 뛸 듯이 기뻤다.

저녁에는 서로의 발을 씻어주었는데, 마음이 숙연해지는 시간이었다. 그리고 지점장께서 보내주신 편지를 많은 사람들 앞에서 읽었는데 눈물이 하염없이 흘러 울음바다가 되었다. 아파서 힘겨웠던 나날을 극복하고 지점장이 된 나를 자랑스럽게 생각하는 칭찬의 글이었다.

내가 영업을 열심히 하게 된 또 다른 동기가 있다. 1박 2일 전국 본부장 교육에 갔는데 점심시간에 회장님께서 손수 500여 명의 본부장들에게 일일이 밥과 반찬을 담아주시면서 응원을 해주셨다. 그러고 나서 식사를 하시는 사장님들과 회장님의 모습에 큰 감동을 받아 이 회사에서 내 꿈을 펼쳐 보리라 굳게 다짐했다.

교육을 마치고 저녁시간에도 회장님과 즐거운 시간을 함께한 뜻 깊은 시간이었다. 나는 노래를 좋아해서 어느 장소에서라도 제일 먼저 노래를 부른다. 분위기를 띄울 수 있는 자리에서는 확실하게 즐긴다. 그때 역시도 전북 익산지점을 알리기 위해 신나는 노래와 함께 열정적으로 막춤까지 추었는데, 옛날이 많이 그리워진다.

영업은 자신감과 열정이며 마약 같은 힘을 가지고 있다. 힘들어서 영업을 못 할 것 같다가도 주문이 들어오면 힘이 불끈 솟아난다. 하루에 천만 원 이상의 매출을 올린 적도 있다. 이 세상에서 최고로 멋진 직업을 가졌다고 자부하면서 최선을 다해 즐기면서 행복한 나날을 보냈다. 영업을 통해 배운 배짱과 용기를 삶에 적용하여 인생의 진가를 높일 수 있었다. 지금은 아름다움을 추구하면서 웃음치료 강의를 할 수 있어 행복하고 감사할 뿐이다.

서울 동대문구청 광역시상식 웃음치료와 마술

영업이란 한 사람의 마음을 움직이는 일이며 그 뒤에 따라오는 시너지로 최고의 성과를 올리는 것이다. 영업을 더 잘하기 위해서는 자신에게 투자하라. 아름다운 모습으로 자신감을 갖추면 영업에 대한 두려움을 이겨낼 수 있다. 긍정적인 에너지로 빛을 발하면 최고점에 이를 수 있다. 항상 고객을 섬기면서 겸손한 마음으로 진실, 정성, 봉사를 다하자. 최선을 다하면 반드시 그 누구라도 도와주는 충성고객이 생기게 마련이다. 영업을 두려워하지 마라.

꿈을 이루려면 스승을 만나라

> 평범한 선생님은 말을 하고, 좋은 선생님은 설명을 하고,
> 뛰어난 선생님은 몸소 보여주고, 위대한 선생님은 영감을 준다.
> – 윌리엄 워드

어린 시절 시골집 마당에는 닭장이 있었다. 어미 닭을 따라다니며 삐악삐악 소리 내던 노란 병아리들이 하도 귀여워서 손에 올려놓고 부드러운 털을 쓰다듬으며 놀았던 기억이 난다. 작고 귀여운 병아리가 알을 깨고 나오려면 혼자 힘으로는 안 된다. 여린 부리로 안에서 톡톡 두드리면 어미닭은 그 소리를 듣고 알을 쪼아 병아리가 알을 깨는 것을 도와준다. 이 두 가지가 동시에 이루어질 때 비로소 새로운 생명이 탄생한다. 이를 사자성어로 '줄탁동시啐啄同時'라 한다. '줄'이란 껍질 안에 있는 병아리가 밖으로 나오기 위해 안에서 쪼는 것을, '탁'이란 밖에서 어미 닭이 껍질을 탁하고 쪼는 것을 의미한다. 즉 병아리가 알에서 나오기 위해서는 새끼와 어미 닭이 안팎에서 동시에 힘을 써야 한다는 말이다. 가장 이상적인 사제지간을 비유할 때 '줄탁동시'를 생각했는데 스승과 제자의 관계를 이처럼 아름답게 표현한 말이 어디에 있을까?

세상에 꿈을 펼치고 싶었던 나의 손을 잡아 이끌어주신 교수님과의 인연은 2007년으로 거슬러 올라간다. 당시 익산 YMCA 웃음치료 과정과 연수과정을 마치고 웃음에 완전히 매료되어 뭔가를 더 갈망하고 있었을 때, 원광대학교 평생교육원에서 웃음치료를 심도 있게 배울 수 있음을 알고 서둘러 등록을 하였다. 바로 이곳에서 교수님을 만나게 되었다.

웃음치료를 배우는 게 너무도 재미있어서 낮에 일하고 저녁에 학교에 가도 전혀 힘들지 않았다. 오히려 정말 열심히 즐겼다. 일주일에 한 번 매주 금요일마다 웃음치료 수업이 있었는데 그날이 그렇게 기다려졌다. 웃음치료가 최우선이었다. 물 만난 물고기처럼 웃음치료를 만나서 행복한 나날이었다.

웃음치료 수업을 통해 신기하게도 동병상련의 사람들을 많이 만나는데 교수님도 웃음치료를 만나기 전에는 나처럼 몸이 많이 아프셨다고 한다. 척추 이상으로 건강이 안 좋아서 방 안에 누워서 3년 이상을 보냈다고 하셨다. 대인기피증과 우울증으로 죽고 싶을 만큼 힘들었지만 두 아이 때문에 살아야겠다고 굳게 결심했단다. 그 말을 듣고 나도 열심히 해서 교수님처럼 웃음치료 강단에 서고 싶다는 꿈을 갖게 되었다. 부드러우면서도 강한 카리스마가 있는, 자신만의 캐릭터가 강한 분이다. 감사하게도 같은 여성이어서 나의 입장을 잘 이해해 주셨고 끊임없는 가르침을 주셨다. 덕분에 내가 이 자리까지 올 수 있었다.

교수님께서는 강의하는 날이면 일찍부터 전주 시청 앞 오거리 광장에 모이게 해 마이크를 잡게 하는 방식으로 자신감을 키워주셨다. 지금은 웃음이 나오지만 그때는 등에서 땀이 날 만큼 힘든 일이었다. 차를 타고 가는 많은 사람들이 웃고 지나가니 창피해서 못 하겠다고 하면 교수님이 뒤에서 채찍질을 해주셨다. 어둠이 빨리 오기를 기다렸던 시간이었다.

"안녕하십니까? 저는 원광대학교 웃음치료 강사 이현춘입니다. 건강하고 싶으시죠? 행복해지고 싶으시죠? 웃음을 만나면 삶도 달라집니다."

목이 쉬도록 외쳤다. 자신감을 길러내기 위한 나 자신과의 싸움이었다. 사실 그때 당시 숫기가 없는 나는 많은 사람들이 있는 길거리에서 마이크를 잡고 이야기하는 것을 무척이나 창피해했다. 지금은 전북도청 강당의 1,000명 앞에서 자신있게 강의 할 수 있을 때 더욱 행복하다. 앞으로 더욱더 멋진 모습으로 성장해 가리라 다짐해본다.

전라북도 장애인 단체 및 사회단체 등을 찾아가 무료 웃음치료와 봉사활동도 열심히 했다. 그때 당시는 무대에 설 수 있는 것만으로도 행복했다. 이 모든 경험의 씨앗들이 내 안에서 뿌리를 내리고 가지를 뻗어 자신감을 키워 준 원동력이었다. 교수님께서는 언제나 함께 열정적으로 해주셨다. 교수님께서 봉사를 한다고 하시면 마술 가방을 들고 그 어떤 곳이라도 달려갔다.

한번은 정읍 〈단풍미인 씨 없는 수박 축제〉에 가서 마술 공연을 했다. 유치원, 초등학생부터 어르신들까지 함께하는 축제의 마당이었다. 수박 하면 생각나는 것은 마술 공연 후 수박 명인 회장으로부터 쌀과, 최고로 큰 수박 네 통을 선물로 받은 것이다. 씨 없는 수박은 무려 8kg이 넘어서 시아버지 생신 때 가족들과 맛있게 먹었다. 그리고 회사 직원들, 함께하신 선생님들과 맛있게 나눠먹었던 기억이 난다.

들쑥날쑥한 돌멩이가 있기 때문에 시냇물이 아름다운 소리를 낼 수 있듯이 내 삶도 많은 우여곡절을 극복하며 열정과 사랑을 마음에 품었기에 지금과 같이 할 수 있었다. 이 세상에는 나보다 잘난 사람도 못난 사람도 없다. 신이 인간에게 골고루 재능을 부여해 주셨기에 감사함뿐이다. 앞으로 내 인생에 숨겨진 돌멩이들을 갈고 닦아서 아름다운 삶으로 승화시키고 대한민국 최고의 웃음 소통 리더십으로 많은 이들에게 웃음을 선물하며 살고 싶다.

삶은 수많은 사람들을 만나는 경험의 연속이다. 인간의 행복과 불행도 만남을 통해서 결정된다. 이 세상 모든 사람은 나의 스승이다. 특히 인생의 방향을 잡아주는 스승과의 만남은 더없이 소중하다. 그래서 꿈을 이루려면 멋진 스승을 만나야 한다는 것을 늘 기억하자.

전북도청 학이시습강의

데일 카네기와의 인연

> 유머감각이 없는 사람은 스프링이 없는 마차와 같다.
> 길 위의 모든 조약돌마다 삐걱거린다.
> – 헨리 와드비처

초등학생 시절 우리 집 윗방에는 아름다운 시 액자 하나가 걸려 있었다. 마도로스였던 둘째 오빠가 항해 중 외국에서 사 가지고 온 것인데, 나는 액자 속 시를 읽고 바라보며 자랐다. 지금도 좋은 시를 보면 감동하는데 이러한 시적인 감성은 어릴 때부터 키워진 것 같다.

시를 좋아하다 보니 익산에서 전주까지 시 낭송을 배우러 다녔다. 그곳에서 당시 전북 카네기클럽 회장이셨던 후불제 여행사 박배균 회장님을 만났고, 회장님은 '칭기스칸'이라는 제목의 시를 들려주셨다. 아름다운 선율의 음악을 배경으로 시를 낭송하시는데 그렇게 멋있을 수가 없었다. 젊은 시절 마을 이장을 했다고 하셨는데 참으로 인상적이었다. 첫 만남이었지만 따뜻한 느낌을 받았고, 오래전부터 알고 지낸 사람처럼 느껴졌다. 매월 한 편의 시를 담은 명함을 제작한다고 하셨는데 그 명함을 받았을 때 무척 인상적이었다.

첫날 회장님은 시 낭송을 마치고 카네기 교육 때문에 전주 코아 호텔에 가신다고 하셨다. 평소 교육에 대한 호기심과 욕심이 많았던 나는 그 교육이 무엇인지 너무 궁금해서 견딜 수가 없었다.

"저도 가서 청강을 해볼 수 있나요?"

"어려울 것 같은데요, 잠깐만요."

아쉬워하는 내 표정이 맘에 걸렸는지 어디론가 전화를 하셨고, 참관할 수 있다는 승낙을 받아주셨다. 그렇게 카네기와의 인연이 시작되었다.

그날 저녁에 전주 코아 호텔에 도착해보니 전북의 대단한 CEO들이 많이 계셨다. 카네기는 CEO들의 리더십 향상 및 친목 도모를 위한 과정이었다. 감사하게도 처음 참석한 나에게 자기소개를 할 시간을 주셔서 웃음치료사라고 소개하고 잠깐 초보 웃음치료를 했는데 반응이 좋았다. 2시간 동안 이어진 강의 후에 수강생들의 토론과 발표가 적절하게 이루어졌다. 무엇보다 인상적이었던 것은 수강생 한 사람 한 사람에게 주어진 '2분 스피치'였다. 다른 교육들과는 많이 다르다는 생각이 들었다. 첫날 바로 카네기 교육을 받고 싶다는 욕망이 내 안에서 꿈틀거려 바로 실행에 옮겼다.

다음 연도에는 익산에서 CEO 카네기 과정이 열렸다. 최고의 웃음치료 강사가 되기 위해 끊임없이 배움을 추구하는 나였기에 망설임 없이 다시 카네기 교육을 신청했다.

익산 CEO 카네기 과정은 14명 CEO들과 함께 성대하게 출발했다. 한 학기 동안 함께한 CEO들과 12과의 교육을 열심히 받으며 지혜를 나눴다. 1부 교육이 끝나면 2부에서는 화합의 장으로 우정을 나누는 시간들을 가졌다. 뿐만 아니라 일주일에 2~3번씩 만나서 스터디도 했다. 익산 카네기 CEO 과정에는 원광대학교 웃음치료사를 꿈꾸는 열정 가득한 강사들도 함께하였다. 거기서 나는 부족한 내 자신을 채우기 위해 뼈를 깎는 아픔으로 도전하고 끊임없이 노력했다.

그 후에는 군산 리치호텔에서 카네기 과정이 열렸다. 나는 또 한 번 군산에서 교육을 시작하는 CEO들을 응원하고 스스로를 단련하기 위해 12주 동안 열심히 다녔다. 교육을 마치고 은파유원지를 한 바퀴 돌아오는 일과는 최고의 힐링이 되었다. 이 모든 순간순간이 감사했다.

지금도 잊을 수 없는 펩톡이 있다.

"나는 세상을 그럭저럭 살아가는 사람들을 알고 있다. 그들은 앞으로도 그저 그렇게 살아갈 것이다. 왜냐고 묻거든 그들은 자신의 능력을 쓰지 않고 있기 때문이다."

"열정적으로 행동하면 열정적인 사람이 된다."

카네기 교육과정 제8과 B부 '열정개발'을 공부할 때 들었던 내용이었다. 이 펩톡을 열심히 외치다 보니 가슴이 뛰었고 열정이 넘쳐 하염없이 눈물이 흘러 마스카라가 온 얼굴에 번졌다. 뜨거운 열정이 내 마음 깊은 곳에서 계속 올라왔다. 손가락에 낀 18k 반지가 끊어져 바닥에 나뒹굴 정도로 힘차게 펩톡을 외치고 또 외쳤다. 이 모습 때문에 함께한 많은 동기들에게 나는 한동안 '열정의 우먼'으로 불리었다. 아마도 마음 속 깊은 한이 밖으로 빠져나왔던 것 같다. 다른 선생님들도 눈물을 흘리면서 열심히 함께했다.

몇 년 전에는 끈끈한 우정으로 소중한 친구가 된 카네기 동기들과 중국 장가계를 다녀왔다. 한 번이라도 가보지 못하면 한이 된다는 장가계를 가서 보니 대자연의 장엄함에 놀라움을 금치 못했다. 자연의 위대함을 느끼는 행복한 여행이었다. 다시 한 번 남편과 꼭 가보고 싶은 곳이기도 하다.

여행 중 '두리안 사건'이 있었다. 가이드가 신비의 과일이면서 제일 맛있는 과일이 두리안이라고 했다. 회장께서 3개를 비싼 가격에 샀다. 냄새가 심해서 호텔에서 절대 먹으면 안 된다고 하여 우리는 화장실에서 두리안을 자르는 쇼를 해야만 했다. 두리안은 상상한 만큼 맛있지는 않았다. 일행들은 두리안을 화장실에서 잘랐다고 먹지 않았다. 결국 몸에 좋고 영양이 듬뿍 들어 있다는 말에 나만 실컷 먹었던 기억이 난다. 우리는 여행하면서 더 가까워졌다. 지금도 카네기 동기들을 만나면 장가계 여행이 제일 즐거운 추억이었다고 이야기한다.

카네기는 내 활기찬 삶의 큰 원동력이며 나에게 삶의 의미와 목표를 찾을 수 있게 해주었다. 그리고 '성공'이란 단어를 떠올릴 수 있게 한 인생의 전환점이 되었다. 내가 카네기를 만나지 않았으면 지금처럼 큰 무대에서 자신 있게 강의할 수 있었을까 의구심이 생긴다. 카네기를 소개해주신 회장님께 깊은 감사를 드린다. 데일 카네기를 만나서 강의에 자신감을 가졌고 전북 카네기 유길문 지사장을 만나 책을 쓰게 되었으니 이보다 큰 인연이 어디 있겠는가? 나는 의미와 감동을 주는 강사가 되기 위해 부족한 만큼 끊임없이 노력할 것이다.

대한민국 여성이 행복한 사회를 만들고 싶다.
그러면 남편은 덤으로 행복하고 아이는 덩달아 행복한 세상이 될 것이다.
나의 큰 꿈을 뜨겁게 응원한다.

카네기 동기들과 중국 장가계에서

칭찬은 고래도 춤추게 한다

> 나는 큰 소리로 칭찬하고
> 작은 소리로 비난한다.
> – 러시아 격언

내가 세상에서 가장 좋아하는 반찬이 있다. 반찬의 가짓수가 몇 백 가지는 되겠지만 이 반찬은 어찌나 맛있는지 아무리 먹어도 질리지 않고 먹을수록 자신감을 쑥쑥 자라게 한다. 기분 좋게 먹으면 건강이 좋아지는 것은 물론이고 함께 먹는 사람도 행복해진다. 어른부터 아이까지 좋아하는 이 반찬이 무엇일까? 바로 '칭찬'이다. 칭찬은 귀로 먹는 보약이기도 하다.

어렸을 때는 동네마다 거지가 많았다. 거지는 동네 50여 가구 중에서 잘사는 집 세 군데를 주로 들렀는데 첫 번째가 방앗간 할아버지 집이었고 두 번째가 우리 집이었다. 거지의 생김새가 무서워서 가까이 오면 아이들은 도망을 갔다. 하지만 나는 거지가 오면 밥을 먹다가도 숟가락을 내려놓고 얼른 엄마가 내 주시는 밥을 거지에게 가져다줬다. 이 모습을 보고 할아버지께서 무척 기특해 하셨다.

"우리 현춘이 참 착하다."

초등학생 때 마루나 토방을 청소하면 할아버지께서는 칭찬하시면서 식사시간에 보리밥이 담긴 내 밥그릇에 부드러운 흰쌀밥을 두 숟가락 얹어 주셨다.

'착한 일을 하면 맛있는 흰쌀밥이 생기는구나.'

할아버지, 할머니, 아버지를 제외한 나머지 가족들은 보리밥을 먹던 때였으니 흰쌀밥을 먹을 때 느꼈던 행복은 이루 말할 수가 없었다. 그래서 착한 일을 하려고 노력을 많이 했는데 오로지 쌀밥이라는 '칭찬' 때문이었다.

사람을 볼 때 다른 사람의 장점을 먼저 보는 태도를 갖게 된 것은 어린 시절 가정에서 받은 영향 때문이다. '칭찬'은 내가 가장 좋아하는 단어가 되었다.

웃음치료 강의를 하던 어느 날 '칭찬지도사 자격증'에 관심이 생겨서 무작정 서울로 올라갔다. 국제웃음치료센터에서는 전국에서 오신 웃음치료 교수와 강사들을 많이 만날 수 있었다. 제주도에서 서울까지 오신 이상숙, 문영희 교수도 여기서 만났다. 이곳에서는 대단한 열정의 강사들을 뵙고 새로운 칭찬기법들을 배울 수 있었다.

그 후에도 교육이 있을 때마다 그분들과 함께했고 덕분에 나는 제주도 여행이나 강의를 갈 때마다 그들과 만나서 즐거운 시간을 보내기도 한다. 웃음치료는 칭찬기법을 활용하여 청중들과 친밀감을 잘 형성할 수 있어서 감사하다.

어떻게 하면 칭찬을 잘할 수 있을까? 먼저 가벼운 스킨십으로 시작할 수 있다. 예를 들어 누군가를 만나면 자연스럽게 손을 잡고 인사를 건네는 것이다. 그리고 상대방의 모습을 구체적으로 칭찬하면 된다. 예를 들어 누군가를 만나면 첫째 내가 먼저 인사하고, 둘째 내가 먼저 악수하며, 셋째 내가 먼저 웃어주며 상대방의 모습을 구체적으로 칭찬하면 된다. '멋지십니다.'가 아니라 '그 넥타이가 지금 입은 양복과 정말 잘 어울리시네요.', '헤어스타일이 달라졌네요.'가 아니라 '그렇게 헤어스타일을 바꾸니 더 멋있는데요.' 하는 것이다.

모습을 구체적으로 칭찬해야 듣는 사람도 공감할 수 있다. 칭찬이 습관이 되면 자신도 모르게 어디서나 자연스럽게 칭찬이 나온다.

언젠가 시댁 작은어머님께서 사람들 앞에서 나를 칭찬해주셨던 기억이 난다.

"우리 조카며느리는 어쩜 이렇게 말을 상냥하고 예쁘게 할까?"

이게 다 '칭찬지도사' 과정에서 방법을 배운 덕분이다.

어떻게 상대방을 기분 좋게 해주면서 감동을 줄 수 있을까? 영업을 할 때 항상 이런 고민을 했는데, 칭찬하는 방법을 배운 뒤부터는 더 이상 고민이 아니었다. 고객을 만나면 항상 구체적으로 칭찬을 하면서 대화를 시작한다. 칭찬을 통해 상대방이 자신감을 갖도록 해주고 상대방에 대한 관심을 표현하는 것이다. 그리고 내가 본 것을 듣는 사람이 감동을 받도록 진심을 담아 칭찬한다. 사람은 하루에도 오만가지 생각을 한다. 그중 쓸데없는 걱정이 96%다. 항상 옆 사람에게 긍정의 멘토로 생활하면 칭찬은 자연스럽게 다가온다. 강의를 시작할 때는 청중들의 서먹한 분위기를 바꿔주기 위해 "당신이 최고야. 당신 멋져! 당신 때문에 살맛이 납니다."라고 말하며 옆 사람과 칭찬으로 친해지는 시간을 갖는다. 그러면 분위기가 훨씬 부드럽고 밝아지며 청중들과 공감대가 형성된다.

"이 세상에서 가장 행복한 사람은 누구일까요?"
"나."
"두 글자로 바꾸면 어떻게 될까요?"
"또 나."
"세 글자로 바꾸면?"
"역시 나."
"네 글자로 바꾸면?"
"그래도 나."
"다섯 글자로 바꾸면?"
"암만 봐도 나."

남들이 나를 칭찬해주기를 바라기 이전에 내가 먼저 나를 사랑하고 칭찬해줘야 한다. 이것이 몸에 젖어들면 가족, 친구, 직장에서 칭찬의 싹이 틀 수 있다. 이것이 기본이다. 칭찬은 자신에 대한 자긍심까지도 변화를 줄 수 있다.

칭찬은 웃음의 기초가 된다. 칭찬이 가미되면 웃음의 효과가 더 극대화된다. 그러므로 일상에서 웃음을 생활화해야 한다. 웃음을 배우는 사람은 물론이고 자신감이 낮은 사람들도 칭찬하는 방법을 배우면 좋다. 칭찬은 자존감을 향상시켜 주고 마음상태를 즐겁게 만들어서 소소한 일에도 감사함을 느낄 수 있도록 한다. 웃음치료에서 최고의 포인트이다.

대한민국 온 국민이 칭찬의 문화를 활성화시키면 우리나라의 GNP뿐만 아니라 삶의 가치 또한 올라갈 것이다.

나는 대한민국이 행복해지는 그날까지 칭찬의 문화를 온 누리에 뿌리고 싶다. 아이들에게도 긍정의 씨앗을 심어주고 싶다. 어릴 때 부모에게 받은 칭찬은 온몸에 배게 되어 삶에서 큰 영향을 미친다.

더 많이 격려하고 칭찬하는 사회 분위기를 조성하는 것은 우리들의 몫이기도 하다. 전 국민이 칭찬의 문화를 발휘할 수 있는 사회가 되는 데에 나부터 앞장서야겠다.

칭찬은 삶의 변화의 시작이라고 생각한다
인생은 고통 그마저도 사랑하자
행복한 삶을 위하여
아모르파티
-니체-

배움에 나이는 중요치 않다

> 웃음 없이 참으로 부자 없고,
> 웃음 가지고 진정으로 가난한 이 없더라.
> – 데일 카네기

어느 대기업에서 신입 사원 10명을 뽑은 뒤 절에 가서 스님에게 머리빗을 팔라고 했더니 10명 중 7명은 시도를 해보기도 전에 도망가 버렸다. 그런데 나머지 세 명은 스님에게 빗을 팔았다. 한 명은 한 개를 팔았다.

"스님, 머리 간지러우세요? 나무 빗으로 빗으면 시원해요."

또 한 명은 열 개를 팔았다.

"스님, 신도들의 머리카락이 바람에 날리니 신도들을 위해서 빗을 10개만 사주세요. 절에서는 머리가 헝클어져도 빗이 없어서 불편해요."

나머지 한 명은 놀랍게도 천 개의 빗을 팔았다. 그가 한 말은 너무도 단순했다.

"스님, 착한 일을 한 신도들에게 빗을 하나씩 선물로 드리면 어떨까요?"

스님에게 빗을 판 세 명의 신입사원들이 대단하다. 내가 이야기 속의 신입사원이었다면 불가능하다고 생각해서 아마도 줄행랑을 쳤을 것이다. 나는 안 해 본 일에 도전하는 것, 가 보지 않은 길을 가는 것에 대한 두려움이 있었다.

고등학교를 중퇴하고 직장생활을 하면서 학력 때문에 종종 힘든 일이 있었다. 웃음치료를 하면서 용기를 내어 학업을 다시 시작하기로 마음먹었다. 이미 어른이 되어버린 내가 고등학생이 되어 학교에 가서 공부를 하는 것은 굉장한 용기를 필요로 하는 일이었다.

그러나 해야만 하고, 간절히 소망하는 일이라면 과감하게 도전해야 한다는 생각이 들었다. 강사님들께서 "몇 학번이세요?" 물을 때마다 쥐구멍에라도 들어가고 싶은 심정이었다. 직장생활을 하면서 웃음치료까지 배우게 되자 나는 꿈을 꾸었다. 어린 시절 제대로 끝마치지 못한 공부에 대한 미련과 열망이 늘 가슴에 가득했다.

어느 날 나의 모습을 보고 교수님께서 정읍에 야간 남일고등학교를 추천해주셨다. 남편과 함께 처음으로 정읍에 있는 그 학교를 찾아 갈 때까지도 많이 망설였다. 거리가 멀어서 '차라리 검정고시를 볼까?' 하는 갈등도 있었다. 과거에 교통사고로 운전에 대한 트라

우마가 생겨서 힘든 시기를 보냈기 때문에 어떻게 통학해야 하나 걱정이 컸다. 간절하면 통한다고 다행히 익산에 사는 좋은 친구를 만나서 함께 다니면서 학교생활을 열심히 할 수 있었다. 그는 평생 잊을 수 없는 보석보다 더 소중한 친구다.

낮에는 화진 화장품에서 열심히 영업을 하고, 저녁때가 되면 노을을 벗 삼아 학교로 향했다. 코스모스 길 위에 내려앉은 저녁노을이 정말 아름다웠다. 석양이 한 폭의 그림처럼 수놓아진 김제평야의 길을 따라 학교에 도착했다. 전주, 김제, 익산, 정읍, 순창, 고창, 부안, 군산에서 직장인, CEO들이 만학도로 고등학교에 오셨다. 지금도 그때의 소중한 친구들과 함께할 수 있어 큰 기쁨이다. 가끔씩 친구들과 김명순 담임 선생님을 모시고 식사할 때면 그때 추억으로 행복하다.

졸업 후 바로 원광보건대 사회복지학과에 입학하여 꿈같은 대학생활이 시작되었다. 주위에서 사이버대학교나 방송통신대학교에 가라고 권했지만 힘들어도 대학생활을 즐기고 싶어서 야간대학교에 등록했다. 야간이라 직장인들이 많았다. 학생들의 연령대가 학생부터 직장인, 사회인 등 골고루 분포되어 있어서 다양한 사람들과 대학생활을 즐겁게 보낼 수 있었다.

난 항상 간식을 잘 챙겨갔다. 대부분의 학생들이 직장을 마치고 바로 오기 때문에 식사를 못 하고 오는 상황이었다. 2년 동안 시험 보는 날마다 나는 친구들을 위해 간식으로 빵과 음료를 준비했다. 친구들을 위해 간식을 준비하는 일은 내가 할 수 있는 유일한 행복이었다.

수업이 끝나고 저녁에는 대학로에 가서 친구들과 어울리면서 시간을 보내기도 했다. 종종 식사 후에는 교수들과 대화하면서 즐거운 소풍처럼 대학 2년을 보냈다. 시험이 끝나는 날에는 학교 근처 식당에서 꼭 만세삼창을 부르면서 해방감을 만끽했던 추억이 떠오른다. 모든 것이 감사했다.

늦은 나이에 시작한 대학생활은 만만치 않았다. 화요일에는 원광대 웃음치료 수업이 있어 교수님께 말씀드리고 내 강의 시간만큼 수업을 빼야 했다. 한 시간 강의를 한 후 다시 보건대로 와서 수업을 들었다. 바쁘고 힘들었지만 얼마나 행복하고 삶의 활력소가 되었는지 지금 생각해도 의미 있는 시간이었다.

내가 지금까지 한 일 중에서 잘한 일을 꼽으라면 직장을 만나고 웃음치료를 만나 만학도의 길을 선택한 것이다. 힘들고 지칠 때도 많았지만 오뚝이처럼 일어섰다. 지금 7년째 야간대학에서 공부를 하고 있다. 원광대학교 경영대학원에 다니면서 지금도 나 자신을 끊임없이 담금질하고 있다. 부단한 도전과 열정으로 부족한 나를 채워간다. 이 멋지고 의미 있는 시간을 나를 위해 활용할 때의 그 기쁨은 이 세상 무엇과도 바꿀 수 없다. 대학원에 열심히 다니면서 나는 여전히 나의 가치를 찾고 있다. 아는 만큼 이해하고 보인다고 했듯이 배움을 통해서 내 삶의 장벽을 무너뜨리고 싶다. 긍정의 힘으로 누군가에게 꿈과 희망을 주는 멋진 강사로 남고 싶다.

배움에 때를 놓쳤다고 생각하여 후회하고 있는 분들이 있다면 늦은 나이에 고등학교부터 다시 시작한 필자를 생각하고 용기를 내셨으면 좋겠다. 배움에 나이는 중요치 않다. 후회는 아무리 빨라도 늦고 시작은 아무리 늦어도 빠르다.

경전에서는 무소의 뿔처럼 혼자서 가라 한다. 현시대는 어떠한가. 무소의 뿔처럼 함께 손잡고 걸어가야 한다. 서로 협력하고 공존해야 함께 멀리 갈 수 있고, 인간관계 속에서 멋진 삶이 이루어진다.

적자생존

> 말은 무상하게 지나가며, 쓰여진 글은 남는다.
> – 로마의 시인 호라티우스

내가 어렸을 때부터 집에서 철저하게 교육받은 두 가지가 있다. 하나는 일기를 쓰는 것이고, 다른 하나는 용돈기입장을 쓰는 것이었다. 둘 다 귀찮고 하기 싫었지만 아버지가 매우 엄하셔서 해야만 했다.

'다른 친구들 아버지는 어디에 뭘 썼는지 관심이 없는데 우리 아버지는 왜 그러실까?'

아버지는 학용품이 필요하다고 하면 언제나 돈을 잘 주셨는데 대신 무엇을 샀는지 꼭 기록하게 하셨다. 그때는 그게 싫고 늘 불만이었다. 한번은 학용품을 산다고 거짓말을 하고 그 돈으로 월랑과자를 사먹었다. 그런데 아버지께서 용돈기입장을 가져오라고 했다. 과자를 사먹었으니 당연히 가져올 수가 없었다.

'내가 거짓말을 한 걸 어떻게 아셨을까?'

종아리를 맞고 단단히 혼이 난 뒤로는 절대로 거짓말을 하지 않기로 결심했다.

아버지께서 교육시킨 기록하는 습관은 결혼 후 20년 동안 가계부를 쓰는 것으로 이어졌다. 누가 시킨 것도 아니었는데 가계부를 철저히 쓰면서 규모 있게 살림을 할 수 있었다. 가계부를 하루라도 안 쓰면 큰일이 날 것 같은 마음이 들 정도였다. 지금은 강의하느라 바쁜 나날을 보내서 가계부를 그때처럼 쓰지는 못하지만 그 습관 덕에 현재의 안정적인 가정살림이 만들어졌다.

초등학교 때 나는 학교에서 일기를 잘 쓴다고 칭찬도 많이 받았다. 아버지께서 일기 쓰는 습관을 길러주신 덕분에 선생님께 칭찬도 받았다. 지금도 잊을 수 없는 것은 일기 덕분에 옥수수 빵과 전지분유도 먹을 수 있어서 학교생활이 행복했던 기억이 난다.

매일은 아니지만 일기는 결혼을 하고도 계속 써왔다. 가끔 일기장을 펼쳐서 지나온 날들을 살펴보면 '내가 이랬었구나!' 깜짝 놀랄 때도 많다. 힘들었던 일들을 이겨낸 나 자신이 대견스럽고 기특하게 생각되기도 한다.

그런데 어느 날 남편이 내 일기장을 몰래 보는 걸 목격한 뒤부터는 일기장을 덮어버렸다. 말이 없고 착하기만 한 남편이 호기심이 발동하여 일기장을 살짝 본 것인데 왜 하필 내가 그 장면을 목격했는지, 누구에게도 보여주고 싶지 않았던 마음을 들켰다는 생각에 일기를 쓸 수 없었다. 한참이 지나서야 다시 일기를 쓰기 시작했다. 지금 생각하면 너그러운 마음으로 이해할 수 있었을 텐데 당시 왜 그리 화가 났는지 이해가 안 된다.

'적자생존'은 환경에 잘 적응해야만 살아남는다는 생존경쟁의 원리를 의미하는 말인데 나의 기록 습관을 나타내는 말이기도 하다. '기록하는 자만이 살아남는다.'는 뜻으로 내가 우스갯소리로 자주 하는 말이다. 사실 요즘은 건망증이 심해서 기록하지 않으면 금방 읽거나 들은 내용도 잘 잊어버린다. 링컨 대통령도 모자 속에 종이와 연필을 휴대하고 다녔다. 故 삼성 이병철 회장도 지독한 메모광注이었다. 사업은 단순히 돈 버는 일이 아닌 '예술창작'이라고 하면서 얼마나 즐기면서 일했는지 짐작을 할 수 있다.

예전부터 신문을 즐겨 읽을 때는 건강 상식이나 좋은 글을 읽으면 메모를 꼭 했다. 가방, 자동차, 집, 사무실 등 어느 곳에나 손이 닿을 만한 위치에 메모할 노트를 두고 기록을 한다. 그래서 웃음치료 강의를 할 때 자주 인용한다. 강사들은 이렇게 '메모'에 열을 올리는 나를 보고 '메모 왕'이라고 놀리기도 하는데 그 말이 듣기 싫지 않다. 적지 않으면 생존할 수 없다고 생각해왔기 때문이다.

노래 부르는 것을 좋아하는 나는 강의를 할 때 청중을 위해 멋지게 노래를 선사한다. 가사와 선율에 감정이입을 해서 노래를 부르면 우레와 같은 박수가 쏟아진다. 이렇게 하려면 먼저 가사를 완벽하게 외우고 있어야 하는데 여기에는 한 가지 비밀이 있다.

어릴 적에는 포크송 책을 들고 다니면서 노래가사를 열심히 노트에 쓰면서 노래 배우기에 열을 올렸다. 노래를 몇 번 들으면 음정은 스펀지처럼 흡수되는데 가사를 잘 기억하지 못해서 어떻게 하면 완벽하게 기억할 수 있을까 고민이었다. 그래서 터득한 방법이 가사를 쓰는 것이었다. 노래를 들으면서 가사를 쓰다 보면 이상하리만큼 내 몸에 빠르게 체화되는 것 같은 느낌을 받았다. 그때부터 노래가사를 쓰면서 배우기 시작했다.

연말에는 나에게 특별한 하루가 있다. 한 해의 마지막 날이다. 이날은 다음 해의 목표와 계획을 세우기 위해 송년회를 비롯한 어떤 약속도 잡지 않는다. 대신 집에 머물면서 대청소 후 몸과 마음을 정돈한 후에 올 한 해를 마무리하고 감사의 기도를 드린다. 그리고 모든 게 이루어진다고 생각하면서 1년 계획을 세운다.

한 해 목표와 계획을 정하면 정갈한 글씨로 종이에 기록한 다음 안방과 냉장고에 붙여 놓는다. 1년 동안 매일 적힌 내용을 생각하면서 이미지 트레이닝을 한다. 벌써 10년째 해오고 있다. 2017년의 첫째 목표가 책 쓰기였고, 둘째가 KBS 아침마당 출연, 셋째는 지역사회 봉사, 넷째는 건강관리였다. 그런데 책 쓰기의 꿈이 이루어졌고 교통방송에서 6개월간 진행을 맡아 방송출연의 꿈도 이루었다. 정말 신기할 정도이다.

한 해 목표 정하기와 계획세우기 때문에 남편은 나와 함께 연말에 1박 2일 해돋이 구경 가는 것도 오래전에 포기했다. 대신 새해 첫날 새벽에 일어나서 가까운 곳에 일출을 보러 간다. 올해는 남편과 모악산을 새벽에 갔다 왔다. 일출을 보면서 건강을 기원했다. 나는 꼭 목표를 세워 한 해를 시작한다. 목표했던 일들을 써놓고 이미지 트레이닝을 했더니 이루어지는 경험을 하면서 기록의 힘이 얼마나 위대한지 깨달았다.

쓰면 이루어진다. 반드시 꼭 꼭!

사랑의 마음 없이는 어떠한 본질도 진리도
파악하지 못한다. 사람은 오직 사랑의 따뜻한
정으로써만 우주의 전지전능에 접근하게 된다.
사랑의 마음에는 모든 것이 포근히 안길 수 있는 힘이 있다.
사랑은 인간 생활의 최후의 진리이며 최후의 본질이다.

- 슈와프

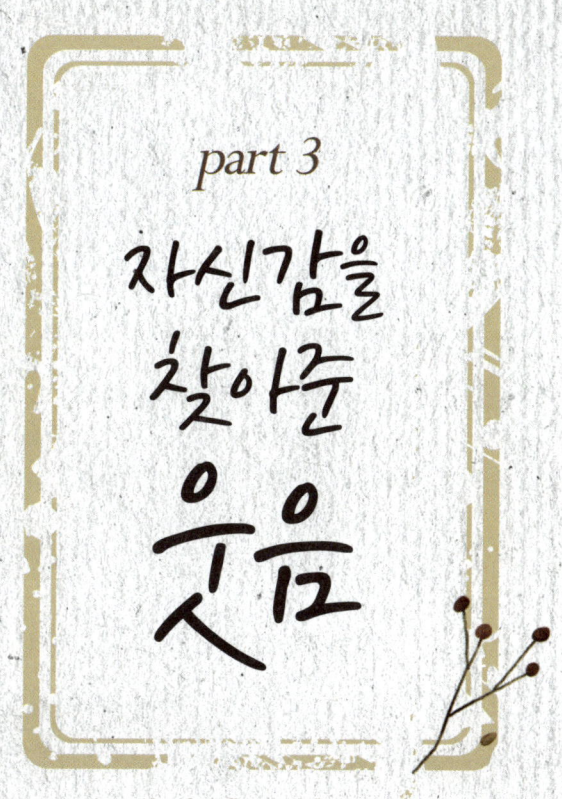

part 3

차신감을
찾아준
웃음

할아버지 할머니의 사랑

> 햇빛은 누구에게나 따뜻한 빛을 준다.
> 그리고 사람의 웃는 얼굴도 햇빛과 같이 친근감을 준다.
> 인생을 즐겁게 지내려면 찡그린 얼굴을 하지 말고 웃어야 한다.
> – 슈와프

어릴 적 우리 집은 4대가 함께 사는 대가족이었다. 담 하나를 사이에 두고 옆집에 작은집 식구들이 살았다. 우리 집 7남매, 작은집 8남매, 조카들까지 한 울타리에 있어서 자연스럽게 협동심을 배울 수 있었다.

대가족의 구성원들 중에서도 나는 할아버지 할머니께 받은 사랑을 잊을 수가 없다. 우리 집 넓은 텃밭에는 감나무가 많았는데 동네 친구들이 놀러 와서 감나무 밑이나 멍석 위에서 소꿉장난을 하며 떠들썩하게 놀아도 할아버지는 한 번도 야단을 치신 적이 없었다. 오히려 항상 웃으면서 손주들과 동네 아이들을 칭찬하고 예뻐해 주셨다.

초등학교 때 한번은 내가 동아전과를 사고 싶다고 했더니 엄마가 다음에 사준다고 미루셨다. 안되겠다고 생각한 나는 꾀를 부려서 할아버지 방 앞에 가서 큰소리로 엉엉 울었다. 그러면 모든 게 해결이 되었다. 할아버지는 화 한 번 내지 않고 들어주셨다. 그땐 전과가 있으면 숙제가 쉬웠고 친구들한테 자랑을 할 수가 있고 인기가 최고였다. 할아버지는 나의 모든 걸 들어주는 해결사였다.

항상 나누고 베푸는 것을 좋아하셨던 할아버지는 동네사람들이 집에 와서 일을 하면 저녁 밥 한 그릇을 꼭 챙겨드리게 했다. 그러면 나는 언제나 그 심부름을 즐겁게 했다. 시골 장날 엄마가 생선을 사오시면 저녁에는 맛있는 찌개를 먹을 수 있었는데 할아버지가 "많이 먹어야 맛이 아니니 찌개도 이웃들과 나누어 먹자."라고 하시면 엄마는 아무 말 없이 뜻에 따르셨다.

여름이면 수제비를 끓여 대가족이 마당에 모여서 먹었던 추억이 떠오른다. 마당 한편 소 우리 앞에 모깃불을 피워놓고 먹던 수제비 맛이 그리워진다. 어린 시절을 떠올리면 음식으로 정을 나누던 추억 속에서 행복해하시던 할아버지의 모습도 함께 떠오른다.

다슬기를 좋아하셨던 할아버지를 위해 난 다슬기도 많이 잡으러 다녔다. 빈혈에 좋다 하시며 국물을 많이 먹게 하셨던 기억도 난다. 삶은 다슬기를 호박잎에 싸서 가지고 다니면서 담벼락에서 먹던 그

시절이 그립다.

"언년아, 학교 갔다 왔냐?"
 학교를 마치고 집에 돌아오면 언제나 따뜻하게 반겨주신 분은 할머니셨는데 부잣집 마님처럼 아름답고 고우셨으며 나를 참 예뻐해 주셨다. 먹고 싶은 게 있으면 엄마보다는 할머니께 말씀을 드리면 빨랐다. 여름날에 참외 장수가 참외를 한 아름 머리에 이고 오는 모습을 지켜보다가 너무도 먹고 싶어서 할머니께 조른 적이 있다. 가격이 비쌌는데도 서슴지 않고 쌀뒤주를 열어 참외와 바꿔주셨다. 그때 참외 맛은 잊을 수 없는 꿀맛이었다. 대가족이라서 나 혼자 많이 먹을 수는 없었지만 먹고 나면 그 행복이 얼마나 컸던지…. 그때 먹었던 참외의 단내는 온 동네에 풍길 정도였다.

 가을에는 유일하게 엿을 많이 먹을 수 있어서 참으로 행복했다. 우리 집은 생강 농사를 많이 지어서 마루 토방에 생강이 수북이 쌓여 있었다. 가족들이 없을 때 엿장수가 집 앞을 지나가는 날이면 나는 아주 크고 좋은 생강을 골라 엿을 바꿔먹곤 했다. 한번은 아버지한테 그 일로 혼이 나고 있었다. 바로 이때 나를 예뻐하는 할아버지가 오셔서 아버지는 더 이상 매를 들지 못하고 내려놓으셔야 했다.
"얼마나 엿이 먹고 싶었으면 엿장수한테 달려갔느냐?"
 할아버지께서는 웃으면서 내 머리를 쓰다듬으며 위로를 해주셨다.

 직장생활을 잠시 하고 시골집에서 생활할 때도 나는 할아버지께

정성을 다해 식사를 잘 챙겨드렸다. 부드러운 죽이 먹고 싶다고 하시면 정성을 다해 만들어 드렸다. 맛있게 드시고 흐뭇해하시는 모습을 보면 항상 기뻤다. 스프가 처음 나왔을 때 끓여서 드리면 "뭐가 이리도 맛있냐! 목에서 잘 넘어간다."고 말씀하셨던 기억이 떠오른다.

지금 생각하니 할아버지는 치매가 있으셨다. 식사를 드시고 나서도 안 먹었다고 할 때 그냥 웃음으로 넘겼는데 그게 바로 치매의 징후였다. 시집갈 때 뭐든지 다 해준다고 하셨던 할아버지는 "우리 현춘이가 내 병간호를 잘해서 내가 건강하게 오래오래 사는구나."라고 늘 말씀하셨다. 97세까지 장수하신 할아버지는 내가 결혼한 다음 해에 돌아가셨다. 떠나보내는 날 할아버지께 받은 사랑이 주마등처럼 스쳐 지나가면서 주체할 수 없을 만큼 눈물이 흘렀다.

명절이 돌아오면 할아버지께 세배인사 드리러 오는 사람들이 끊이질 않아 온종일 언니와 나는 음식상을 차리기에 바쁜 나날이었지만 지금 생각하면 그것도 행복과 기쁨이었다. 내가 지금처럼 밝고 긍정적인 사람이 된 것은 조부모님, 부모님께 받은 칭찬과 사랑 덕분이다. 항상 남을 배려하고 나눔을 아끼지 않으셨기에 존경받으셨던 할아버지, 그분의 아낌없는 사랑이 여전히 뜨거운 감성으로 나에게 남아 있다. 할아버지는 형제들과 조카들까지도 잘 챙겨주셨고 더불어 살게 하셨다.

성공하는 사람은 외모도 잘 관리한다

> 웃으며 보낸 시간은 신들과 함께 지낸 시간이다.
> – 일본속담

성격이 밝은 나는 의상도 역시 밝은 색상을 선호한다. 검은색은 잘 입지 않는다. 아마 어릴 적 큰언니의 영향이 크지 않았나 싶다. 양재학원에 다니던 큰언니는 학원에서 배운 실력으로 종종 예쁜 옷을 만들어 주셨다. 초등학교 3학년 때로 기억한다. 언니가 만들어준 핑크색 치마와 흰색 티셔츠를 옷장에 넣어놓고 봄 소풍 가는 날만을 손꼽아 기다렸다. 그때의 설렘 때문인지 지금도 핑크색을 좋아한다.

내가 옷을 잘 입는 비결은 색상의 조화로움에 있다. 한국강사은행에서 베스트 드레서로 상을 받았다. 그리고 한광일 총재는 물론 다른 많은 사람들에게 칭찬을 받고 있다.

"정말 잘 어울리세요. 그렇게 예쁜 옷을 어디서 사 입으세요?"

내가 입는 옷이 비싼 브랜드일 거라 생각하고 종종 사람들이 이런 질문을 한다. 그런데 사실은 나만의 개성과 취향에 맞춰 리폼을 한 옷들이다. 리폼한 옷은 세상에 단 하나밖에 없는 나만의 것이다. 그래서 그 어떤 비싼 브랜드와도 비교가 되지 않는다. 이것이 바로 내가 옷을 잘 입는 노하우다. 값비싼 것보다는 나에게 맞는 색상으로 보색 관계를 맞춰 입으면 얼굴이 더욱 화사해보이고 기분도 좋아진다.

유난히 옷 욕심이 많은 나는 시간절약을 위해 세일을 할 때 옷을 한꺼번에 사는 편이다. 여유가 없어서 옷을 사지 못하고 나올 경우에는 밤새 아른거려서 잠이 오지 않아 애를 먹기도 한다. 그 이튿날 옷이 내 손에 들어오면 마치 복권에 당첨된 기분이다. 영혼까지 자유로워지는 느낌이다. 스트레스를 옷으로 풀어왔지만 지금은 자제하려고 노력한다. 한동안 흰색과 보라색 옷을 보면 너무 좋아서 사고 싶은 충동이 있었다.

'내가 너무 병적인가? 이건 아니야.'

옷에 대한 충동을 자제하려고 여러 번 다짐하다가 한번은 심리 상담을 받은 적도 있었다.

"선생님, 저는 보라색과 흰색을 왜 이리 좋아하고 그 색들이 예뻐 보일까요? 심리적인 문제가 있나요?"

얼마나 걱정스런 마음으로 선생님의 대답을 초조하게 기다렸는지 모른다. 다행히 안도의 숨을 내쉴 수 있는 대답이 돌아왔다.

"괜찮습니다. 예술적 감각이 뛰어나서 그래요. 흰색은 마음이 천사라서 좋아하는 거고요. 병적인 게 아니니 걱정 마세요."

선생님 말씀에 한바탕 웃으며 위안을 얻었다. 상담을 받고 나오면서 얼마나 기분이 좋았는지 모른다. 앙드레김 선생님의 하얀색이 얼마나 아름답고 환상적이었나? '흰색은 잠재되어 있는 나의 예술적 끼를 높일 수 있는 색깔이야!'라고 스스로를 칭찬하며 위로했다.

강사처럼 사람들을 많이 만나는 직업의 사람들은 외모도 경쟁력이다. 모습을 잘 갖추고 나가면 자신감이 향상된다. 잘생기고 예쁘고는 타고난 것이니 사람이 어찌할 수는 없지만 적어도 옷 입는 스타일이나 머리 모양만큼은 얼마든지 노력으로 사람들에게 호감을 줄 수 있다.

예를 들어 나는 만나는 사람들과 분위기에 맞춰 액세서리로 코르사주를 선택해서 달고 간다. 가지고 있는 코르사주만 100여 개가 된다. 귀걸이, 목걸이는 하지 않는 대신 코르사주가 마스코트가 되었다. 이미 오래전부터 다양한 색상과 디자인의 코르사주를 액세서리로 사용하면서 나의 이미지를 늘 새롭게 업그레이드해 왔다.

월요일이 되면 미용실에 들러 드라이를 하고 발끝까지 모습을 갖추면 자신감이 충만해서 생각지도 않았던 매출이 오르던 기억이 있다.

지금 나의 헤어는 가발이다. 아가씨 때 눈 수술 후 시력이 나빠져서 병원을 오래 다녔다. 파마나 염색약이 몸에 맞지 않아서 외출할 때 가발을 쓰기 시작했는데, 가발이 오히려 나를 멋진 스타일로 바꿔주었다. 가발을 100% 활용하면 멋진 헤어스타일을 연출할 수 있을 뿐만 아니라 시간이 절약되고 경제적이다. 보는 사람들이 예쁘다고 할 때는 자존감도 더욱 커진다.

오래 전 전북 시 낭송에서 정동진 열차여행을 하게 되었다. 열차 한 칸을 예약해 즐겁게 여행을 하던 중 나의 헤어에 많은 사람들의 관심이 집중되었다. 난 서슴없이 열차 안에서 가발을 벗어버렸다. 여성들이 화장실에 가서 가발을 써보고 난리였다. 그날의 놀라운 사건은 많은 사람들에게 나에 대한 환상을 깨주었다. 그때 이후로 나를 '가까이 하기에 너무 먼 당신'이 아닌 '친하게 지내고 싶은 사람'으로 생각하는 사람들이 많아졌다.

　나무 중에 으뜸인 나무는 '소나무'
　꽃 중에 으뜸인 꽃은 '매화꽃'
　나물 중에 으뜸인 나물은 '미나리'

　추운 겨울에도 굴하지 않고 푸르른 기상을 뽐내는 든든한 소나무, 눈 속에서 피어나는 설중매나 매화꽃은 고귀하다. 매화는 추운 겨울에도 향기를 잃지 않으며 이른 봄이면 진한 매화향기로 다가오기 때문이다. 추운 겨울 눈 속에서 자란 미나리는 겨울 식탁에 올라 신선한 향기로 식욕을 돋운다.
　강사는 모든 면에서 으뜸이 되어야 한다. 소나무, 매화꽃, 미나리처럼 어떠한 환경에서도 자기만의 개성을 잃지 않고 자신의 색깔을 유지해야 한다. 외모도 경쟁력이므로 자신이 하는 일에 맞게 머리 모양이나 옷차림 등 자기관리를 잘할 수 있는 사람이 진짜 프로 강사다.

가족들의 응원의 힘

> 사랑과 웃음이 없는 곳에서 즐거움이 있을 수 없다.
> 사랑과 웃음 속에서 살아라.
> – 호라티우스

　어린 시절 큰올케언니는 어린 시누이들에게 명절 때면 새 옷을 사주셨다. 나에게는 빨간 원피스나 밝은 색깔의 옷을 선물로 주셨는데, 예쁘게 입혀 학교에 보내주셔서 선생님들에게 예쁨을 많이 받았다. 옷을 밝게 입고 면사무소 앞에서 큰오빠를 만나면 행복했고 어깨가 으쓱했다. 어린 마음에도 '내가 크면 큰올케언니에게 보답해야지.' 하는 이 마음을 늘 품고 지냈다. 첫 월급을 탔을 때 제일 먼저 엄마와 큰올케언니에게 내복을 선물해드리고 블라우스도 맞춰 드렸더니 너무나 좋아하셨다.

큰오빠는 자녀들이 넷이나 있었다. 조카와 나는 두 살밖에 차이 나지 않아서 초등학교를 같이 다녔는데 조카는 비슷한 또래였어도 혼이 날까 봐 어린 고모에게 반말을 하지 못했다. 그만큼 오빠는 어린 동생들을 잘 챙겨주셨다.

"우리 동생들은 다들 똑똑한데… 많이 가르쳤으면 더 대단한 동생들이 되었을 텐데."

가족사진

오빠는 늘 이런 말을 하곤 했다. 3남4녀 중에 첫째인 큰오빠는 특별히 여동생들을 많이 아끼셨다. 여동생들에게 더 많은 교육의 기회를 주지 못한 것을 늘 미안해하셨다. 친구들을 만나면 여동생들 자랑을 많이 하셨다.

건강이 안 좋던 내가 새로운 도전을 할 때 가족들의 반대 속에서도 유일하게 응원해 준 분이 둘째 오빠다. "무슨 웃음치료야! 너 정말 웃긴다."라며 다들 신통치 않은 표정을 보일 때도 "우리 현춘이는 잘 할 수 있어."라고 말씀하시며 자신감을 심어주셨다.

마도로스였던 둘째 오빠는 바다에서 태극기를 보고 눈물을 흘릴 정도로 애국자셨다. 한번은 광복절에 태극기를 가지고 집에 오셔서 대문 앞에 걸고 언니, 오빠, 조카들에게 국기에 대한 경례를 하게 했다. 사춘기였던 나는 동네 친구들이 볼까 봐 창피해서 숨어버렸고 결국 오빠에게 들켜 매를 맞았다. 나를 끔찍이도 아끼던 오빠였기에 난 큰 상처를 받았다. 다음 광복절에는 오지 않았으면 하는 간절함이 가득했는데 이듬해 광복절에 결혼을 하셨다. 오빠는 어린 동생들에게 스위스 시계를 선물해 주셨는데 초등학교 6학년이었던 나에게는 최고의 선물이었다.

20년 동안의 마도로스 생활을 마무리한 뒤에도 오빠는 자기관리를 철저히 하신다. 45년 동안 일기를 쓰고 계시며 책을 쓰고 싶은 소망도 있으시다. 매일 새벽 5시에 일어나 6시까지 눈이나 비가 와도 거르지 않고 운동을 하신다. 서예도 꾸준히 연습해서 서예 부문 국회의장상도 받았다. 뭐든 꾸준히 철저하게 하는 오빠가 존경스럽고 자랑스럽다. 요즘은 시골 고등학교 운동장에서 골프 치는 재미에 푹 빠지셨다. 시니어 골프대회에 나가는 게 꿈이라고 말씀하시는데 환호하며 함성박수를 쳐드렸다. 75세 나이에도 건강관리를 잘 하는 오빠의 정신력이 존경스럽기까지 하다.

큰언니는 7남매 중에 제일 고생을 많이 했다. 딸이기 때문에 공부를 많이 할 수 없었고, 아버지의 농사일과 집안일을 도와드려야 했다. 저녁이 되면 아버지와 라디오를 들으면서 가마니를 치시던 큰언니의 모습이 떠오른다. 가마니 치는 걸 끝내면 야식을 먹었기 때문에 나는 잠도 자지 않고 눈을 비비고 기다렸던 기억이 난다.

엄마 같은 큰언니는 소풍날에는 계란과 맛있는 반찬들로 직접 도시락을 싸주셨다. 어렸을 때 노는 걸 무척 좋아했던 나는 겨울만 되면 손이 터서 피부가 갈라졌다. 큰언니는 끓여 놓은 소죽에 내 손을 담그고 때를 벗겨주셨다. 그때 언니가 내 손을 예쁘게 만져주어서일까, 이제는 겨울이 와도 부드러운 내 손을 볼 때마다 큰언니 생각이 난다.

큰형부도 나를 예뻐해 주셨는데 내가 아플 때 용기를 많이 주셨다. 대구에 오게 해서 한의원에 데리고 가주실 정도로 신경을 많이 써주셨다. 너무 감사하다.

대구에 사는 큰언니는 40여 년간 새벽시장을 열고 있다. 한길만을 걸어온 언니가 대단하고 존경스럽다. 대구, 안동, 포항으로 강의를 갈 때면 꼭 언니에게 들러서 하룻밤을 자고 온다. 추억을 회상하면서 밤늦도록 많은 이야기꽃을 피운다. 강사라는 직업 덕분에 전국을 여행하며 언니에게 갈 수 있어서 감사하다. 가게에 들러서 음료수를 사 가지고 가서 나눠드리면 우리 예쁜 동생 왔다고 자랑을 하면서 흐뭇해하신다.

둘째 언니는 지독하리만큼 공부에 열정적이었다. 중학교 때부터 신문배달과 아르바이트를 하면서 전주에서 고등학교까지 마쳤다. 대학가는 게 소원이었던 언니는 면사무소에 근무하는 큰오빠를 찾아가서 등록금을 한 번만 내주면 꼭 갚겠다고 하소연을 하기도 했다. 하지만 막내 오빠를 가르쳐야 했기에 결국 대학진학을 포기했다.

가정형편도 어려웠지만 남녀차별이 심한 가부장 사회였기 때문에 여성이 대학을 가는 것을 할아버지와 아버지는 용납을 못하셨다. 언니는 결혼 후 시부모님을 모시고 살면서도 공부를 게을리 하지 않았다. 오랜 세월 자격증 시험과 공부에 열을 올리면서 달려왔다.

세 아이를 잘 키워놓고 공부를 시작하여 61세 환갑에 천안 호서대학교에서 사회복지학과 노인복지학으로 박사학위를 받았다. 학위 수여식 날 감동의 눈물이 하염없이 흘렀다. 늦은 나이지만 박사의 꿈을 이룬 언니를 보고 동기부여가 되어 지금은 나도 공부를 하고 있다.

언니가 자랑스러워서 나는 고향 마을 입구에 '이현숙 박사학위 수여' 플래카드를 걸었다. 친정아버지와 엄마가 하늘나라에서 얼마나 행복하셨을까 생각하니 눈물이 흘렀다. 작은 오빠는 동네 어르신들께 떡과 과일, 막걸리를 대접하며 여동생을 자랑하셨다. 오빠들이 예전부터 "우리 집 박사!"라고 불러주셨는데 결국 말이 씨가 되었다.

둘째 형부도 부모님께 최고의 효도를 하셨다. 항상 안부 전화는 물론 맛있는 걸 잘 챙겨주시고 용돈도 오실 때마다 듬뿍 드렸던 기억이 떠오른다.

"강의하기 힘드니까 멀리까지는 가지 마라."

셋째 오빠는 매일 운전하는 내가 염려가 되어서 자주 전화를 걸어 안부를 묻는다. 문자도 자주 보내 응원을 해주시는데, 강의를 하러 갈 때마다 힘이 된다.

"우리 동생이 꼭 필요할 것 같아서 선물해주고 싶어."

강의할 때 필요할 만한 자료들을 챙겨주시기도 하는데 얼마 전에는 빔을 선물로 사주셨다. 그것을 받고 굉장히 행복했다.

사실 어렸을 때는 셋째 오빠를 싫어했다. 언니와 내가 교육을 더

받지 못하고 오빠를 위해 희생했다고 생각한 것이다. 우리 집안은 남아선호 사상이 강했기 때문에 어쩔 수 없이 딸들에게는 배움의 기회가 갈 수가 없었다. 이런 마음을 셋째 오빠는 아셨을까? 오빠는 언니와 여동생들을 잘 챙겨주고 응원해 주신다. 오빠는 유머와 위트가 있어서 언제 어디서나 인기 만점이다. 가족들과 함께 있을 때면 멋진 웃음을 주신다.

공무원 정년을 앞두고 있는 오빠는 농학과에서 공부하고 있다. 은퇴 후에 꿈을 펼치기 위해서 지금부터 준비를 하시는 것이다. 시골에서 하우스를 짓고 특용작물을 재배하고 싶다고 하셨다. 은퇴 후의 삶을 준비하는 오빠에게 뜨거운 성원을 보낸다.

사람들은 내가 막내일 거라고 생각하지만 나에게는 속이 깊은 여동생이 있다. 동생은 26년 가까이 시어머니를 모시고 살면서 힘들다는 말을 하지 않을 정도로 천사다. 시를 좋아하는 문학소녀였던 막내는 지금도 책을 읽다가 좋은 글을 발견하면 강의에 활용하라고 자주 보내준다.

시어머니, 친정엄마, 작은 올케언니까지 돌아가신 다음에는 바쁜 나를 생각해서 김장김치를 담가 주고 엄마처럼 반찬을 챙겨준다. 마음이 따뜻하고 자상한 동생은 힘들 때도 있었지만 항상 낙천적으로 산다. 동생은 자기가 제일 아름답다고 생각하니 따라잡을 수가 없다. 모든 걸 받아들이며 시어머니와 사는 모습을 보면서 대견하다는 생각을 많이 한다. 한 번씩 가면 사돈 어르신이 막내 칭찬을 많이 하신다. 그럼 내 마음이 뿌듯하다. 화목하게 살고 있는 그 모습 자체가 나에게는 힘이 된다.

동생은 삶의 여건상 직장생활을 하면서 시어머니를 모시고 살고 있어서 대학 진학을 미루고 있다. 하고 싶은 공부를 당장 할 수는 없지만 다음 해에는 꼭 만학도에 도전하기로 다짐했다. 바다같이 넓은 마음을 갖고 사는 내 동생을 칭찬을 해주고 싶다. 강의를 갈 때 가끔씩 가족 카톡방에 소식을 띄우면 "잘 다녀와!", "건강 잘 챙겨!"라고 가족들은 사랑 가득한 메시지를 보내준다.

인정 많기로 소문난 군산에 사는 제부는 처갓집에 올 때마다 먹을 것을 한 아름 가득 안고 온다. 그러면 온 가족들이 함께 모여 맛있게 먹으면서 즐겁게 함박꽃을 피운다.
형제자매들은 내 힘의 원천이다. 오빠, 언니, 동생, 얼마나 아름답고 힘을 주는 존재들인가! 옆에서 응원해 주는 형제자매들이 있어서 감사하고 행복하다.

우리 가족은 유달리 형제간의 우애가 깊고 웃음이 가득하다. 형제들이 모인 시골집에서 딸 넷이서 웃으면 온 동네가 떠들썩했다. 그때가 많이 그립다. 엄마가 돌아가시고 난 뒤부터 그 순간이 오지 않는다. 부모님이 계실 때 솜털처럼 부드럽고 행복했던 그날을 생각하면 눈시울이 뜨거워진다.
나는 형제들과 함께 떠나는 멋진 여행을 준비하고 있다. 그날을 기다리면서 더욱 열심히 일을 해야 한다. 우주보다 깊고 하늘보다 푸른 사랑으로 형제들과 배려하고 사랑하면서 건강하게 살고 싶다.

도전을 두려워하지 마라

> 탐험하라! 꿈꾸라! 발견하라!
> – 마크 트웨인

일본 기업 내쇼날의 창업자 마쓰시다 고노스케松下幸之助는 자수성가한 사업가로 잘 알려져 있다. 그는 가정형편이 어렵게 되자 초등학교 4학년을 중퇴하고 자전거포 점원으로 사회생활을 시작했다. 온몸으로 살벌한 세상을 배워가며 570개 기업, 13만 명의 종업원을 거느리는 대기업 총수의 자리까지 오르게 되었다.

가난,
허약한 몸,

배우지 못한 것!

성공의 비결을 묻는 사람들에게 그는 이 세 가지를 말한다. 자신에게 불리하고 부족한 부분들을 불평하기보다는 감사로 받아들였다. 가난했기 때문에 남들보다 더 부지런히 일했고, 허약했기 때문에 몸을 더 많이 움직이면서 힘을 길렀다. 어린 시절 교육을 제대로 받지 못했기 때문에 세상 모든 사람들을 스승으로 생각하며 배우려고 노력했다.

어릴 때 나는 불평과 불만이 많은 아이였다. 특히 아버지의 '남녀칠세부동석男女七歲不同席'이라는 말씀을 싫어했다. 건강이 좋지 않아서 몸에 좋다는 음식을 찾아다니다 보니 본의 아니게 내 위주로만 생각했다. 학벌에 대해 자신이 없어서 사람들이 몇 학번이냐고 물을 때면 스스로 위축되곤 했다.

중학교 때 친구 '귀임', '순옥'이와 삼총사였다. 우리는 '현아', '정아', '경아'라는 가명으로 서로의 이름을 불렀는데 친하게 지내면서도 선의의 경쟁을 했다. 똑같이 공부를 해도 친구들은 성적이 우수했던 반면에 나는 늘 중간이어서 너무 속상하고 답답했다. 콤플렉스로 힘들어했던 내가 노력하고 도전하는 사람으로 바뀌게 된 계기는 중학교 3학년 때였다. 친구와 우연히 선생님 교탁 위에 놓인 IQ검사 결과를 보게 되었는데 내 IQ가 친구들과 차이 나는 것을 보고 당황해서 아무 말도 할 수가 없었다. 속상했지만 받아들이는 수밖에 없었다. 그리고 생각했다.

'IQ는 숫자에 불과해.'

그때부터는 친구들보다 성적이 낮아도 자존심 상해하지 않고 평소보다 더욱 노력했다. 콤플렉스를 인정하니 열등감에서 자유로워졌다. 부족함을 느끼는 만큼 남보다 더 노력했다.

부족하다는 생각을 바꿔 준 전환점이 된 도전 중 하나는 완주군 고산초등학교 100주년 행사 강연이었다. 내 생에 처음으로 큰 무대에 섰던 경험이었다. 나는 학교 운동장에 모인 1,000여 명의 선후배님, 친구들 앞에서 웃음강연과 마술쇼를 했다.

큰오빠는 내가 실수라도 할까 봐 차마 보지 못하고 강연을 시작하기도 전에 학교를 빠져나가셨다. 마도로스 둘째 오빠는 교단 앞까지 오셔서 큰 환호의 박수를 치셨는데 그 모습을 잊을 수 없다. 셋째 오빠는 친구들과 멀리 나무 그늘 밑에서 떨리는 마음으로 응원을 해주셨다.

강의를 마치고 무대를 내려오니 하늘을 나는 듯한 행복함과 뿌듯함이 밀려왔다. 63회 졸업생 친구들의 응원 덕분에 생각보다는 떨지 않고 무사히 강연을 마칠 수 있었다.

뒤늦게 안 사실은 웃음치료 지도교수님도 오셔서 내가 강의하는 모습을 지켜보고 '이제는 강의를 잘할 수 있겠다.'는 확신을 갖고 기쁜 마음으로 사진만 찍고 돌아가셨다고 한다. 감사한 마음이 들었다.

세상에는 크게 두 부류의 사람들이 있다. 시련이 왔을 때 불평과 불만을 하며 좌절하는 사람들과 끊임없이 도전하는 사람들이다. 쉽게 좌절하는 이들은 자신의 불행이 모두 타인과 외부환경 때문이라고 생각하며 노력하기를 포기한다. 반면에 '마쓰시다 고노스케'처럼 끊임없이 도전하는 사람들은 '그럼에도 불구하고' 현재 자신의 불리함을 인정하고 받아들이며 안주하지 않고 조금씩 자신의 한계를 극복해나간다. 두 종류의 사람들 모두 처음 주어진 환경은 똑같이 어려웠다. 이들의 차이는 '도전'하는 태도에 달려 있었다.

나는 소극적이었던 생각을 적극적으로 바꾸며 많은 도전을 했다. 예를 들어 자격증, 수료증 공부를 하기 위해서 전국 그 어느 곳이라도 달려갔는데, 현재 50여 개를 보유하고 있다. 이제는 NLP 자격증 과정에 도전하고 있다.

도전을 두려워하지 마라. 도전은 최고의 멋진 삶으로 자신을 안내해 줄 것이다. 마음속에 아름다운 강이 흐르듯 누구나 자신이 원하는 강을 건널 수 있다. 능력이 부족하더라도 열심히 노력하면 많은 것을 성취할 수 있다. 평범한 사람도 체험을 통해 배우고 갈고 닦아서 자신의 재능을 알아내는 순간 화려하게 변신할 수 있다. 모든 일에 최선을 다하는 당신은 더욱 빛을 발산한다. 멋진 꿈을 향하여 도전을 두려워하지 마라.

끊임없이 도전하는 댄스의 황제

> 많이 웃는 사람은 행복하고,
> 많이 우는 사람은 불행하다.
> – 쇼펜하우어

　대한민국 웃음의 메카인 원광대학교 웃음치료 과정은 매주 화요일 밤 박장대소로 시작된다. 어느 날 웃음치료 수업에 관심을 보이는 남자분이 찾아오셨다. 스스로를 공무원이라고 소개하셨는데 춤을 배우러 왔다가 웃음소리에 발걸음을 돌려 이곳으로 들어오셨다고 한다. 이분이 바로 박일서 교수시다. 직장생활을 하면서 스트레스로 건강이 나빠지자 웃음으로 건강을 되찾고자 원광대학교 웃음치료 과정을 두드리셨던 것이다.
　오래전부터 댄스와 요가를 하신 덕분에 스펀지에 물이 스며들 듯

웃음치료에 빠른 적응을 보이셨다. 직장에서도 동료 직원들과 함께 웃음으로 아침을 시작하기도 하셨다. 퇴직을 하실 무렵 강사를 한 번 해보시라고 여러 번 권유를 드렸다. 처음에는 반신반의하셨는데 끊임없이 용기와 열정을 불어넣어 드리자 긍정적으로 받아들이셨다. 그 후로 광주에서 익산까지 매주 한 번씩 하루도 빠지지 않고 웃음치료 과정에 참여하셨다. 강사가 되기로 스스로 마음을 먹자 대단한 집념을 보이며 열심히 배우셨다.

박일서 교수는 춤을 잘 추시기로 유명하다. 그래서 한국 강사은행 한광일 총재는 그분을 '댄스의 황제'로 부르신다. 박 교수는 응원해주는 사람들에게 보답하고자 끊임없이 전력투구를 하신다. 옆에서 지켜보는 모든 사람에게 귀감이 되고 자신감을 불러일으킨다. 현재는 광주를 무대로 강사로 활동하고 계신다. 광주지회장을 맡고 있으면서 광주광역시에 웃음의 씨앗을 뿌려 많은 사람들에게 행복을 드리고자 고군분투하신다. 큰 열정에서 솟아나는 에너지는 웃음의 원천이 되고, 환하게 미소를 지어보이며 자신 있게 말씀하는 모습은 많은 사람들에게 부러움을 사고 있다.

"나이는 숫자에 불과하다."는 걸 보여주시는 광주지회 박일서 교수는 호남대학교에서 웃음치료 자격증 과정을 열정적으로 이끌어가고 계신다. 아침마다 공원에서 광주시민들과 함께 웃음치료를 하고 계시는 모습은 얼마나 멋진지 감동 그 자체다.

요즘은 전국을 종횡무진하며 강의를 하신다. 교도소를 방문하여 오랫동안 꾸준히 강의를 하고 있고, 장애인들을 대상으로 무료 웃음치료를 오랫동안 해오고 있다. 지역사회에 희망의 웃음꽃을 피우기 위해 노력하고 계신다.

얼마 전에는 생방송 JTBC에 출연하여 40년 동안 만성간염을 앓다가 웃음치료를 만나서 새 삶을 살게 되었으며 이제는 감기도 걸리지 않는 건강한 체력을 유지하게 되었다고 이야기를 해주셨다. 생방송에 출연하여 최고의 웃음치료 역량을 발휘하심으로써 동료 웃음치료사들뿐만 아니라 많은 사람들에게 귀감이 되었음은 물론 동기부여를 해주고 자신감까지 불러일으켰다. 원광대학교 웃음치료 과정의 문을 두드려 인생 2막을 멋지게 시작하신 박일서 교수는 대한민국 공무원의 표상이다. 박 교수는 한광일 총재의 뒤를 이어 최고의 국민강사가 되는 것이 꿈이라고 자신 있게 말씀하신다. 은퇴 후에도 건강을 되찾아 밝은 사회구현에 이바지하며 제2의 인생을 사시는 모습이 존경스럽다. 박 교수의 꿈이 이루어지시길 뜨겁게 응원한다.

원광대학교 스마일 스토리

> 한없는 봉사를 언제나 제공할 수 있는 국민은
> 무한히 존귀하게 될 것이다.
> – 간디

웃음과 함께한 지난 11년은 나에게 기적 같은 시간이었다. 건강을 되찾고 젊음을 유지하게 되었고 삶에 많은 변화가 있었다. 웃음이란 단어에 공감하고 사랑을 나누고 힐링하면서 세상에서 제일 행복한 사람이 되었다.

원광대학교 평생교육원에서 보낸 시간이 주마등처럼 지나간다. 웃음을 알리기 위해 한겨울 추위도 모르고 익산시내 학교, 관공서, 병원 등을 찾아다니며 전단지를 배포했다. 정월 대보름에는 손이 꽁꽁 얼어붙을 정도로 춥고 길가에 눈이 쌓여 있어도 아랑곳하지 않고 웃음치료를 알리기 위해 열정적으로 홍보를 하러 다녔다. 이제는 그날의 추억이 소중한 보물이 되었다.

'스마일 스토리 봉사단'은 21명으로 웃음을 통해 개인의 역량강화는 물론, 겸손하고 낮은 자세로 지역사회에 봉사함으로써 사람들이 보람 있는 삶을 살도록 돕는다. 강의실에서 배우고 갈고 닦아 시민과 소통하는 뜻깊은 기회들을 마련하기도 한다. 웃음의 진가를 높이고 체화시키는 과정을 통해 다함께 성장하는 발판을 마련한다.
　스마일 스토리의 회원들은 틈틈이 지역사회에서 봉사를 하는데 그런 시간들을 통해 자연스럽게 무대경험도 쌓아간다. 지금은 모두들 봉사를 필요로 하는 지역사회 요소요소에서 활동을 하느라 바쁘다. 웃음으로 행복을 드릴 수 있는 봉사 기회가 있으면 기꺼이 감사한 마음으로 어느 곳이든 달려가곤 한다.
　익산 '신광의 집', '실버의 집'과는 MOU체결을 맺고 봉사를 하고 있다. 정기적으로 방문해 어르신들과 손을 잡고 노래도 부르면서 힐링의 시간을 갖게 해드리고 자존감을 향상시키는 쉼의 시간을 마련해 드린다. 어르신들께서 언제 또 오냐고 물어보실 때는 가슴이 찡하다. 아쉬움을 뒤로하고 돌아오면 마음이 아련하기도 하다. 생일잔치 봉사를 할 때 어르신들께서 한복을 입고 고깔모자를 쓰고 즐거워하시던 모습이 눈앞에 아른거린다.

2014년에는 사랑하는 전북도민과 익산시민이 함께하는 제1회 '원광대학교 스마일 스토리 행복콘서트'가 솜리예술회관에서 성대하게 열렸다. 이 행사는 시민들에게 건강과 행복은 물론 삶의 가치와 자존감 향상을 위해 마련된 콘서트다. 한광일 총재의 축사에 이어 함께 한 강사들이 갈고 닦은 재능을 발표하는 등 더욱더 큰 웃음을 선물하는 날이었다. 청중과 하나가 되어 최고의 힐링의 순간을 만끽하는 순간이었다.

오신 분들께 추첨으로 많은 선물을 드리기도 했다. 김성호 회장께서 세탁기를 선물하셨고, 나는 100개 정도의 선물을 준비하여 성대하게 행사를 치렀다. 감사하는 마음으로 한자리에 모여서 각자의 소감을 발표하고 앞으로 지향해야 할 점 등을 논하기도 했고 축배도 들었다.

제1회 공연을 마치고 사기진작과 단합을 위해 수덕사 산행을 했다. 산채정식을 맛있게 먹고 대천 바닷가로 김성호 스마일 스토리 회장께서 운영하시는 '대천가자 조개구이집'에 들러 맛있는 조개구이와 회도 먹었다. 조를 나누어 바닷가에서 달리기와 게임 등의 레크리에이션 시간을 가진 후에는 아름다운 저녁노을도 볼 수 있었다.

원광대 스마일스토리 회원들

2015년에는 세월호 참사가 발생하는 등 여러 여건상 콘서트를 열 수 없었고, 2016년 4월에서야 익산 시민문화회관에서 제2회 '스마일 스토리 행복콘서트'를 개최했다. 나는 마술쇼를 하면서 깜짝 이벤트로 노사연의 '바램'을 부르면서 무대 2층에서 내려왔다. 무대 마술을 보여주며 물 만난 물고기처럼 역량을 발휘하자 많은 관중들이 뜨거운 박수를 보내주었다.

'전주 KBS 아침마당'에 스마일 스토리 회원들이 출연한 덕분인지 제2회 행복콘서트는 성황리에 치러졌다. 방송을 보고 콘서트를 찾아오신 분들이 많았다. 박성운·문지연 교수의 시 낭송을 시작으로 박성수 교수가 아름다운 선율의 색소폰 연주를 하고 마술쇼를 하는데 열기가 뜨거웠다. 학생들과 함께하는 박일서 교수의 힐링댄스는 자신감 백배 도전의 시간이었다. 이어서 명강사들의 웃음 퍼포먼스에서는 시민과 함께 손을 잡고 행복을 나누는 화합과 소통의 멋진 시간을 만들었다. 강사들은 재능과 끼를 콘서트에 오신 분들을 위해 유감없이 발휘하고, 꿈과 희망과 용기를 가득 안겨드리는 힐링 콘서트를 연출했다. 나는 오신 분들께 많은 선물을 준비해 나눠드렸다. TV·청소기 등 추첨도 함께하면서 즐거운 나눔을 함께할 수 있어 행복했다.

제2회 행복콘서트를 마치고 나서는 스마일 스토리 회원들과 함께 청남대로 가을 여행을 다녀왔다. 익산에서 출발하여 가는데 차 안에서 각자 장기자랑, 게임, 유머, 개인기, 난센스 퀴즈 등을 발표했다. 다들 즐거워하며 포복절도를 했다. 다재다능한 스마일 스토리 교수, 강사들과 함께 인생을 즐길 수 있어서 행복하다.

스마일 스토리 회원들은 각자의 달란트가 뛰어난 분들이다. 함께

원광대 스마일스토리 힐링 콘서트 (솜리 예술회관)

소통하고 공감하면서 나눔의 미학을 실천하는 가치 있는 삶을 살고 있다. 그 밖에도 역량강화 워크숍을 통해 끊임없이 자기계발에 힘쓰며 최선을 다하고 있다. 스마일 스토리는 힘들고 어려워도 포기하지 않고 지역사회에서 행복한 웃음을 선물할 것이다.

지난 11년 동안 스마일 스토리는 각계각층의 다양한 사람들과 모여 하나가 되어 지역사회에서 참봉사를 실천하며 강의실에서 배운 웃음과 역량을 아낌없이 발휘해 왔다. 앞으로도 더욱 멋진 스토리가 있는 단체로 성장해서 사명감을 갖고 지역사회에 빛과 소금이 되는 봉사단체로 발전해 나갈 것이다. 또한 원광대학교 웃음과

소통 리더십 전담교수로서 강사 역량강화에 더욱 노력할 것이다

매회 행사 때마다 솜리 예술회관을 가득 메워주신 시민들께 감사를 드린다. 또한 물심양면으로 도움을 주신 스마일 스토리 김성호 회장님, 윤금화 총무, 오미숙 재무께 감사를 드린다.

"스마일 스토리 회원들의 무궁한 발전을 기원합니다."

시민대학 웃음치료, 힐링체조

> 남을 행복하게 하는 것은 향수를 뿌리는 것과 같다.
> 뿌릴 때에 자기에게도 몇 방울 정도는 묻기 때문이다.
> – 탈무드

'시민대학 명사특강'은 웃음치료 강사로서 그리고 익산시민의 한 사람으로 내가 자부심과 사명감으로 해왔던 강의 중에 하나다. 그래서 매월 둘째, 넷째 수요일은 늘 손꼽아 기다리는 날이었다. 어머님 아버님들께서 익산 솜리예술회관을 가득 채워 주시고 반가이 맞아주셔서 2년 동안 웃음을 통해 시민들과 소통하는 행복한 시간을 보냈다.

전통이 있는 익산시민대학은 대한민국 최고의 강사들을 모셔서 시민의 의식수준을 높이고, 평생교육으로 소통과 화합의 장을 만드는 기회를 제공해준다. 뿐만 아니라 웃음치료와 건강힐링체조 등 다양한 프로그램으로 시민들에게 다가간다.

시민대학 명사특강에 초빙된 엄용수 · 김성환 · 이명희 과장님과 함께

기억에 남는 시민대학 강사들이 많이 있다. 그중에 한 분이 바로 조동춘 박사시다. 우아한 헤어스타일에 최고의 파워우먼이어서 내가 그분의 열렬한 팬이었다. 조동춘 박사가 오셔서 강의를 할 때는 감회가 새로웠고, 그분과 한 무대에서 만날 수 있었던 것만으로도 꿈만 같았다. 짧은 쇼커트 머리에 바지정장으로 변신한 박사님은 여전히 열정이 식지 않은 모습으로 힘 있게 강의하시며 큰 감동을 주었다. 나는 익산역 근처의 찻집에 모시고 가서 차 한 잔을 나누며 많은 대화를 나눴다. 버스 시간이 되어 배웅해드리고 오는 길이 참으로 행복했다.

2017년 9월 둘째 주에는 서필환 교수의 '나를 명품 인생으로 만들기' 특강이 있었다. 익산역으로 교수님을 마중 가서 시민대학으로 모시고 왔다. 교수님 강의는 우리 삶을 명품으로 만드는 행복한 시간이었다. 강의를 통해 시민의식을 일깨워주고 나에 대한 많은 칭찬을 하셨는데 강의 중 나의 프로필을 띄워서 깜짝 놀랐다. 10년 전 공부를 하기 위해 서울로 올라가 혼자서 열정을 불태웠을 때 '명강사 과정' 꿈을 이루기 위해 서울을 오가면서 열정적으로 공부할 때였다. 그때의 첫 만남이 인연이 되었다. 무대에 올라 '내 나이가 어때서' 노래와 율동을 서 교수님과 함께해서 너무나 큰 감동이었다. 오랜만의 만남에서 크게 칭찬해 주시니 코끝이 찡했다. 특강이 끝나고 서필환 교수와 차 한 잔을 마시면서 여유로움을 만끽했다. 함께한 그 시간은 소중하고 행복한 시간이었다.

시민대학에서 서필환 교수와 함께

시민대학에서 웃음 강의를 할 때는 참석하신 분들과 즐겁게 소통하는 것을 최우선으로 생각한다. 그래서 마음의 문을 열기 위해 소통, 화합, 긍정에 중점을 두고 마음열기 시간으로 시작을 한다. 박수를 치면서 노래를 부르고 건강 힐링 체조를 하다 보면 어느새 시민들의 얼굴에 환한 미소가 함박꽃으로 피어난다.

한번은 포항, 부산에 강의가 있어서 시민대학에 다른 강사님을 모셔야만 했던 적이 있었다. 포항 부산 강의를 마치고 돌아오니 아버님, 어머님들께서 반갑게 맞아주시면서 이런 인사를 건네주셨다.
"지난번에 왜 안 오셨어요? 강사님 오시기만을 기다렸어요!"

웃음을 통해 오랫동안 시민들과 만나다 보니 일이 있어서 만남을 한 번만 건너뛰어도 이렇게 아쉬워하셨다. 이렇게 시민들이 기다려 주실 때 더할 나위 없이 행복하다. 2년 동안 시민들과 정이 참 많이 들었다. 익산에서 식당에 들어가면 어딜 가도 시민들이 반갑게 맞아주신다. 너무 감사하고 행복하다.

시민대학에서 오프닝 강의는 중요하다. 분위기를 업UP 시켜주고, 시민의식 수준을 높여준다. 그러나 '명사특강' 시간이 되면 나는 청중의 한 사람으로 돌아간다. 명사들의 강의를 귀 기울여 듣고 메모하면서 많은 것을 배우다 보면 내 강의에도 많은 도움이 된다. 시민대학 강의가 모두 끝나면 내가 항상 하는 일이 있다. 바로 블로그에 시민대학 강의 소식을 올리는 일이다. 그곳에 참석하지 못한 시민들과 좀 더 소통하고 싶은 마음에 즐거운 마음으로 블로그에 사진과 그날 배운 내용들을 간단하게 올린다. 대한민국 최고의 명강사들과 사진을 찍어 블로그에 올릴 때면 큰 자부심이 생기고 희망이 부풀어 오른다.

익산 시민대학 강의1

익산 시민대학 강의2

"강사님, 강의 참으로 행복했습니다."

마치고 나올 때 시민들이 손을 꽉 잡아주면서 고맙다는 말씀을 하실 때 나 역시 최고의 힐링이 된다. 웃음치료 강사로서 수많은 강의를 하면서 내가 느낀 것은 사람들은 강사의 말 한마디에 큰 위안을 얻는다는 것이다. 그래서 강사로서 한 마디 한 마디를 힘 있고 진정성 있게 하려고 노력한다. 웃음치료를 통해 익산 시민들께 건강, 행복, 긍정으로 웃음을 선물할 수 있어서 행복했다.

지혜가 깊은 사람은 자기에게 무슨 이익이 있을까 해서,
또는 이익이 있으므로 해서 사랑하는 것이 아니다.
사랑한다는 그 자체 속에
행복을 느낌으로 해서 사랑하는 것이다.

- 파스칼

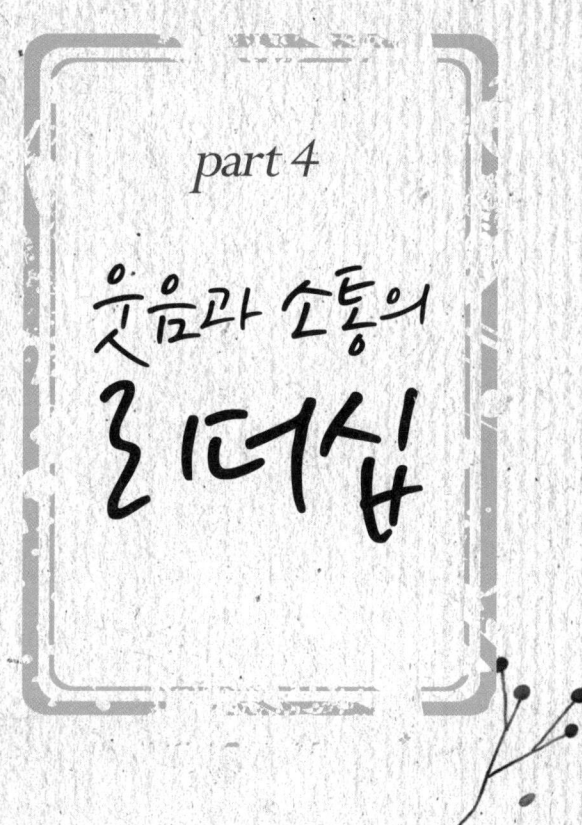

part 4

웃음과 소통의
리더십

3만 원의 행복

> 사람은 함께 웃을 때 서로 가까워지는 것을 느낀다.
> - 윌리엄 제임스

 2008년 1월 20일 구정 무렵으로 기억한다. 봉사만 열심히 했던 초보 웃음치료 강사였던 나는 어디든 불러주는 곳이 있으면 기쁘게 달려갈 마음의 준비가 되어 있었다. 드디어 기다리던 강의 요청이 왔다. 내 생애 설레는 첫 번째 강의를 안겨준 곳은 익산 여성 의용 소방대였다. 두근거리는 마음으로 팔봉 소방서로 갔다. 30여 명 정도의 소방대원들이 강의를 듣기 위해 기다리고 있었다. 여성 대원들이 마음의 문을 활짝 열고 강사를 반갑게 맞이해주셨고 강의하는 동안 경청을 해주셔서 분위기가 한껏 고조되었다. 지역사회에서 애

쓰는 여성 의용소방대원들과의 만남이기에 나는 감사한 마음에 열정적으로 강의를 했다.

여성 소방대원들의 환한 미소와 적극적인 모습은 실로 놀라웠다. 박수만 쳐도 건강이 좋아진다고 하니 소방서가 떠나가도록 환호의 함성과 박수소리가 울려 퍼졌다. 역시 여성 소방대원들은 긍정의 아이콘이었다. 몇 분을 앞에 모셔서 손 유희와 함께 박장대소를 하게 했는데 배꼽 빠지게 웃는 모습을 지금도 잊을 수가 없다.

사실 봉사를 한다는 마음으로 강의를 했던 것인데 마치고 나오니 여성 의용소방대원 회장님께서 교통비라며 강의료가 담긴 봉투와 가래떡을 건네주셨다. 돌아오는 길에 버스 안에서 먹은 흰 가래떡이 어찌 그리도 맛있었는지 지금 생각해도 웃음이 나온다. 땀이 흠뻑 젖도록 강의를 하고 난 뒤 먹는 가래떡 맛은 아무도 모를 것이다.

차 안에서 봉투를 살짝 열어 보니 3만 원이 들어 있었다. 기분이 날아갈 듯이 행복했다. 웃음치료 강의를 하고 처음으로 받은 3만 원은 어떤 보석보다도 값진 선물이었다. 집에 와서 남편에게 제일 먼저 자랑을 했더니 웃기만 했다. 칭찬이라도 해주면 좋았으련만…. 친정 식구들과 지인들에게도 자랑을 했다. 한턱을 몇 번이나 냈는지 강의료로 받은 돈보다 몇 배의 돈이 나갔지만 잊을 수 없는 큰 행복이었다. 첫 강의로 받은 3만 원은 삶이 다하는 날까지 잊을 수 없는 내 영혼의 자극제가 될 것이다.

최근에 익산 소방서에 강의를 하러 간 적이 있다. 나의 첫 번째 강의 이야기를 들려주면서 가슴 뿌듯한 시간을 보내니 감회가 새로웠다. 관

내 야간근무를 하고 아침 교육에 참여한 소방대원들에게 1시간 동안 웃음으로 소통강의를 했다. 피곤한 소방대원들이 힐링할 수 있는 시간이 되었으면 해서 많은 준비를 했다. 감사하게도 소방대원들은 피곤함도 잊은 채 강의를 듣는 내내 환호와 박수를 보내주셨다. 노래에 맞춰 체조를 잘 따라 하고 퀴즈도 잘 맞혀주어서 즐거운 시간이 되었다. 근무를 하고 와서 피곤할까 봐 걱정이 되었지만 소방대원들이 경청과 호응을 잘 해주시니 강의하는 내내 신이 났다.

강의를 마치자 따뜻한 차 한잔을 건네주시는 소방서장님의 배려에도 감동을 받았다. 서장님은 사진촬영 요청에도 흔쾌히 멋진 제복을 입으시고 포즈를 취해주셨다. 긍정적인 마음으로 사명감을 다해 일해주시는 서장님께 익산 시민으로서 마음속 깊이 감사를 드렸다.

남편 때문에 119의 도움을 받아 두 번의 위급 상황을 잘 넘긴 적이 있었다. 그때는 분초를 다투는 시간이었기에 심장이 녹아내리는 듯했다. 소방대원들께서 사명감을 가지고 일해 주셨기에 남편은 생명을 건질 수 있었다. 그래서 나는 항상 소방대원들에 대한 감사함을 깊이 간직하고 있다. 국민의 안위를 위해 일선에서 열심히 일하는 익산시 소방대원들께 깊은 감동을 받았다. 어려운 환경과 위기 상황에서도 시민들의 행복한 삶을 지켜주시는 대한민국의 소방대원들께 깊은 감사를 드린다.

11년 전 첫 강의를 하고 받은 3만 원은 나에게 강사로서 자신감과 자존감을 갖도록 하는 밀알이 되었다. 그 덕분에 나는 지금 이 순간에도 전국 어디라도 달려가서 웃음을 알리는 멋진 강사로 발돋움하고 있다.

교도소에서의 감동 스토리

> 열정 없이는 어떤 중요한 싸움도 이길 수 없다.
> – 존 오브라이언

"어쩜 그렇게 열정적으로 강의를 잘 하세요?"

이런 질문을 받을 때마다 나는 '열정과 감동' 두 단어를 떠올린다. 강의를 할 때는 시작부터 청중의 반응이 폭발적이지는 않다. 박수조차 없을 때가 많다. 이럴 때 강사는 당황해서는 안 된다. 미리 준비한 강의만 고집해서는 안 되고 청중의 마음을 사로잡을 수 있어야 한다. 강사가 열정과 혼을 다하면 사람들이 감동한다는 것을 수많은 강의 경험을 통해서 깨달았다. 이것과 관련해 기억에 남는 강의가 있다.

2015년 연말이었다. 그날은 하루에 강의가 세 곳이나 있었는데 그중 하나가 광주교도소였다. 교도소 강의는 처음이었다. 교도관님의 안내를 받아 한참을 걸어가 강의장에 도착했고, 잠시 기다리고 있으니 어른들이 한 분 한 분 들어오셨다. 잠시 후 젊은 친구들 네 명이 따라 들어왔다. 젊은이들의 모습을 보니 정신이 번뜩 들었다.

'이 젊은 친구들에게 어떤 이야기를 해야 도움이 될까?'

순간 고민이 되었다. 사실 '이미 웃음치료와 힐링'이라는 주제로 강의를 준비했는데 앞에 앉아 있는 네 명의 친구들을 보니 맞지 않을 것 같은 생각이 들었다. 잠시 후 과감히 강의내용을 변경하기로 결심했다.

먼저 젊은 친구들에게 마음으로 다가가기 위해 나를 먼저 내려놓았다. 건강이 안 좋아 힘들었던 나의 옛날이야기를 들려주는 것으로 강의를 시작했다.

"이 강사는 몸이 아파서 죽을 만큼 힘든 날이 있었습니다. 여러분은 건강한 몸이 있어서 얼마나 행복합니까?"

젊은 친구들은 나와 눈을 마주치지 않았다. 소통이 안 되는 강의를 계속하는 것이 쉽지 않았다. 박수를 2번, 3번을 치는데도 따라 하지 않았다. 또다시 내 이야기를 풀어가면서 박수를 8번까지 치며 호응을 이끌어 내자 그때서야 박수치는 시늉을 했다. '이제 마음이 조금 열리는구나!' 안도의 숨을 내쉬었다. 몰입을 위해 박수를 8번 친 것은 거기서 처음이었다.

젊은 친구들이 교도소에 오게 된 것은 사연이 저마다 다르기 때문에 많이 조심스러운 강의였다. 처음에는 눈을 마주치지 않으려고 했던 젊은이들이, 계속해서 여유 있는 모습으로 눈을 마주치며 이야기를 하며 다가가자 조금씩 반응을 보였다. 앞에서 한 친구가 박수를 치면서 즐거워하는 모습을 보이자 나도 신이 났다. 웃음으로 자신감을 심어준 지 1시간쯤 될 무렵 마술쇼를 보여주었다. 음악과 함께 마술을 보여주니 젊은이들의 얼굴에 미소가 함박꽃처럼 피어났다.

'와! 이런 게 소통이구나. 마술을 준비하길 잘했다.'

나는 젊은 네 명의 친구들을 400명의 청중이라 생각하고 혼신의 힘을 다해 강의를 했다.

잠시 휴식 시간을 가진 뒤 두 번째 시간에는 목소리를 한 톤 높여서 스팟SPOT으로 시작했다. 옆 사람과 손을 잡고 마음의 문을 열었다. 뭐든지 할 수 있다는 자신감을 불어 넣어 주자 젊은 친구들이 내가 이끄는 대로 따라 하기 시작했다.

항상 강의를 하기 전에는 '오늘은 청중들의 마음에 어떤 단어를 심어주고 올까?'를 고민한다. 그날 광주교도소 네 명의 젊은이들에게는 2시간 동안 '웃음, 자신감'이라는 단어를 깊이 심어주려고 노력했다. 흔하고 쉬운 단어지만 힘든 일이 닥치면 생각나지 않는 단어가 바로 '웃음'이다. 사회에 나가서 생활하다 보면 힘든 순간이 많을 것이다. 그때 이 친구들이 '웃음'을 잃지 않고 자신감 있게 생활하기를 바라는 마음으로 진심을 담아 강의를 했다.

"어쩜 그렇게도 열강을 하십니까? 정말 수고 많이 하셨습니다."

교도소 과장님께서 차 한잔을 건네며 칭찬을 아끼지 않으셨다. 강의를 할 때 나는 꽃봉오리의 꽃잎이 벌어지듯 활짝 피며 살아난다. 강의를 하는 것이 즐겁고 행복하다. 그렇기 때문에 마이크를 잡는 순간만큼은 평소보다 더 많은 열정과 에너지가 나온다.

얼마나 열정적으로 강의를 했는지 강의 후 송정역에서 기차를 타고 익산으로 돌아오는 길에는 온몸에 힘이 빠져버렸다. 지금까지 수많은 강의를 해왔지만 광주교도소에서 네 명의 귀한 젊은이들에게 가슴으로 전했던 강의는 영원히 기억에 남을 것이다. 청중이 몇 명이든 강사가 진정성 있는 태도로 열정적으로 다가가면 청중에게 감동을 줄 수 있다는 교훈을 배웠던 귀한 경험이었다.

네 명의 친구들이 살면서 웃음을 잃지 않기를 바란다. 나와 눈을 마주치며 박수를 보내주었던 친구들에게 참으로 감사했다. 내 웃음의 혼이 조금이라도 전해져 네 명의 친구들이 귀한 보석으로 다듬어지길 바라며 이 사회에서도 행복한 사람이 되어주길 간절히 기원해본다.

대한민국 최고의 강사를 꿈꾸며

> 가슴 뛰는 꿈은 없다.
> 작은 꿈을 만나 내 가슴이 뛸 때까지 노력하는 것이다.
> – 김미경 강사

낮에는 강의와 일을 하고 밤에는 부족함을 갈고 닦기 위해 경영학부에 편입하여 공부를 했다. 힘들 때도 많았지만 웃음이 있어서 지치지 않고 지금까지 왔다.

웃음치료와 인연이 닿은 이후로 9년 동안 열심히 달려온 덕분에 2015년에는 프로강사 리더십 부문에서 대상을 받았다. 2016년 4월에는 대한민국 성공인 대상 웃음치료 '펀 리더십' 부문에서 명예로운 상을 받았다. 국제웃음치료협회 전국의 지회장님과 함께 수상할 수 있어 더욱 뜻깊었다.

대한민국 최고의 강사들과 함께 책을 써서 국회도서관 대강당에서 성대하게 출간기념식을 열기도 했다. 웃음치료 강사로 오직 한 길로 걸어온 지난 시간을 생각하니 감개무량하다.

대한민국 성공인 대상 웃음치료 '펀 리더십' 부문 명예로운 상을 받았다

지나온 10년의 시간 동안 내 마음속에 늘 자리 잡고 있는 질문이 하나 있다. 대한민국 최고의 강사가 되려면 어떻게 해야 할까? 늘 스스로에게 이 질문을 하면서 실천해 온 몇 가지가 있다.

자투리 시간을 활용하려고 노력한다. 여유 있는 시간에 강의를 준비하면 좋지만 매일 강의를 하다 보면 시간을 내는 것이 쉽지 않다. 그렇기 때문에 시간을 철저하게 아껴서 활용한다. 예를 들어 가까운 곳에 갈 때는 직접 운전을 하는데 이때는 음악 대신 좋아하는 강의를 듣는다. 강의를 즐겁게 하고 싶은 마음이 가득하기 때문이다.

전국을 무대로 강의를 하다 보니 장거리 이동을 하는 경우가 많은데 이때는 일부러 대중교통을 이용한다. 직접 운전하지 않아도 되니 쉴 수 있어서 좋고 여유롭게 그날 강의에 대해서 생각하는 시간을 가질 수 있다. 자투리 시간에는 생각보다 많은 공부를 할 수 있고 새로운 아이디어를 얻을 수도 있다.

나는 강의를 위해 일부러 '메모'하는 습관을 몸에 배게 했다. 강사는 양질의 정보를 청중에게 전달하는 사람이다. 수많은 정보를 머릿속에 다 담을 수 있으면 좋겠지만 한계가 있다. 그래서 기록하는 자세가 필요하다. 기록은 기억을 앞서기 때문이다. 눈과 귀로만 강의 준비를 하는 것이 아니라 필요하다 싶은 내용들은 늘 메모를 하고 있다. 집, 사무실, 자동차, 컴퓨터 등 머무는 곳 주위에는 늘 메모장을 둔다. 그렇게 기록한 노트와 메모지가 50여 개가 넘는다.

미국심리학자 안데르스 에릭슨Anders Ericsson은 10년 동안 하루 3시간을 투자하면 1만 시간이 되고 1만 시간을 투자하면 달인이 된다는 '1만 시간의 법칙'을 발표했다. 나 역시도 시간을 투자한 만큼의 양질의 강의를 할 수 있다고 생각한다.

진정한 강사가 되기 위해서는 강의하는 시간보다 준비하는 데 시간을 더 투자해야 한다. 강의를 복제하는 안일한 태도를 갖지 않기 위해 똑같은 주제로 강의를 하더라도 새롭고 다르게 해야 한다. 새로운 주제로 강의를 해야 할 때는 준비하는 시간을 충분히 갖는 편이다.
전북대학교 1시간 치매예방 강의를 위해 며칠을 꼬박 준비를 한다. 자신 있게 강의를 마치고 나자 강의를 들은 어느 교장선생님이 엄지손가락을 올리며 '최고'라는 메시지를 주셔서 기분이 좋았던 기억이 난다. 2시간 스피치 강의를 위해 일주일 동안 준비를 한 적도 있다. 열심히 준비한 강의에서 최고의 반응을 받으면 감동이 두 배가 된다.

노력한 만큼 강의 실력은 향상된다. 내가 부족하기 때문에 강의 준비를 철저히 하는 이유도 있지만 그것이 다는 아니다. 내 강의를 듣게 될 청중들을 생각하면 고마운 마음에 질 높은 강의로 보답하고 싶은 욕망이 가득하기 때문이다.

모든 강사와 청중은 나의 스승이다. '모방은 창조의 어머니이다.'라는 고대 그리스 철학자 아리스토텔레스의 말을 소중히 새기면서 휴일에는 하루 종일 강의를 듣는 날도 많다. 유명하신 강사들의 강의를 공부하며 끊임없이 연마하고 있으면 비타민을 먹은 것보다 힘이 난다.

자격증 과정에서 열정적으로 강의하는 모습

　강사에게는 경험이 최고의 자료다. 직접 경험한 일은 생생하게 전달할 수 있을 뿐만 아니라 청중들도 처음 듣는 이야기이므로 그들에게 신선하게 들린다. 그렇기 때문에 강사는 늘 자신의 일상의 경험에서 새로운 사례를 찾을 수 있어야 한다.
　지난 여름 포항으로 강의를 갔을 때의 일이다. 오후 강의라 시간 여유가 있어서 포항에 온 기념으로 한반도에서 가장 먼저 해가 뜬다는 호미곶에 다녀오기로 마음먹었다. 무작정 택시를 타고 기사님의 안내를 받으며 포항제철, 포항공대를 지나 바닷가를 달리면서 행복을 만끽했다. 그런데 가도 가도 끝이 없고, 택시비는 자꾸 올라가고, 마음은 점점 초조해졌다. "기사님 얼마나 가야 하는지요?"라고 묻지 않을 수가 없었다. 잠시 후 호미곶에 도착해서 10분가량 사진 찍기에 정신이 없었다. 그리고 택시로 돌아왔는데 택시비가 8만 원이 넘게 나왔다. 카드결제를 하고 내리면서 마음이 아렸지만

'나에게 최고의 선물을 한 거야!'라고 생각하면서 마음을 달랬다. 강의를 하면서도 계속 택시비 생각이 났다. 청중들에게 그 이야기를 했더니 한바탕 배꼽을 잡고 웃으셨다. 그리고 그중 한 분이 웃으시면서 이렇게 말씀하셨다.

"강사님 호미곶까지는 거리가 멀어요."

돌이켜보니 호미곶에 다녀온 일이 나와 청중들을 웃게 한 멋진 강의소재가 되었다. 택시비 8만 원이 아깝다는 생각이 더 이상 들지 않았다.

'어떻게 하면 대한민국 최고의 강사가 될 수 있을까?'

많은 생각을 하게 된다.

강의는 명시적 관계와 암묵적 관계로 이루어진다. 명시적 관계는 겉으로 보이는 강사와 청중의 모습이지만 암묵적 관계는 강사가 최선을 다할 때 강사와 청중 간에 공감과 소통이 일어나는 관계를 말한다. 그렇기 때문에 훌륭한 강의는 암묵적 관계 속에서 이루어진다. 암묵적 관계를 이끌어 내기 위해서는 내 속에 있는 모든 에너지를 끄집어내어 쓰지 않으면 안 된다. 열정적으로 투혼을 다해야 암묵적 관계가 이루어진다.

그동안 부족한 나를 연마하기 위해 전국을 다니며 많은 교육을 받았고, 50여 가지의 자격증, 수료증, 위촉장을 섭렵했다. 배우고자 하는 욕심이 남달라서이기도 하다. 더 많이 체득해 내면을 채워 아름다운 강의로 선물하고 싶은 간절한 마음 때문이다. 청중들에게 사랑하는 마음으로 더욱 알찬 강의로 보답할 것이다.

국가종자원 농협생명 변산수련원 강의

웃음치료와 힐링 마술쇼

> 웃음이 인생의 한 가지 쾌락이라는 사실을 모르는 사람은 절대로 현자가 아니다.
> – 조셉 에디슨

'웃음치료와 건강' 강의를 위해 나는 전국은 물론 제주도까지 다녀왔다. 사람들은 이런 내가 힘들 것이라고 생각하지만 신기하리만큼 에너지가 나온다. 그만큼 웃음치료에는 묘한 매력이 있다.

웃음치료에 마술이 더해지면 에너지는 증폭된다. 웃음만으로도 에너지가 넘치는데 신비한 마술쇼까지 더해지면 청중들은 말 그대로 몰입의 시간을 갖게 된다. 마술은 볼 때마다 색다른 매력으로 다가온다. 청중의 호기심을 유발하고 시선을 집중시키는 데 탁월한 효과가 있다. 똑같은 마술도 마술사가 어떻게 연출하느냐에 따라 분위기가 달라진다. 그래서 나는 마술을 할 때도 정장을 입고 빨간색 모자를 쓰는 등 의상에 신경을 많이 쓰는 편이다.

'웃음치료와 힐링 매직쇼'로 청중들과 신나게 호흡했던 강의가 있었다. 지난여름 무주 '전국산림항공본부'에 강의를 갔다. 일찍 도착하여 동행한 문서현 강사와 함께 갈치조림으로 맛있게 점심식사를 하고 여유 있게 호텔에 도착했다. 강단에 섰는데 젊고 멋진 남자분들만 앉아 계셔서 깜짝 놀랐다. 전국의 항공본부 일선에서 위험하고 힘들지만 사명감을 갖고 일하시는 선생님들이 오신 것이다. 웃음치료와 힐링 강의가 시작되자 강의장 분위기는 열정의 도가니로 바뀌었다. 산림항공본부 직원들은 스팟과 레크리에이션에 적극적으로 참여하면서 직무 스트레스에서 벗어나 웃음으로 힐링하는 시간을 보냈다. 청중들이 경청을 잘 해주시니 혼을 다해 열정적으로 강의를 했다. 중간에 건강 강의와 난센스 퀴즈로 달아오른 분위기를 식혀가면서 즐겁게 강의를 이어갔다.

선착순 3명을 무대로 초대해 율동과 춤으로 즐거움을 만끽하는 시간을 가졌다. 그들은 일을 잘하는 사람은 놀기도 잘한다는 생각이 들 만큼 열심히 무대에서 춤을 추었다. 우열을 가릴 수 없을 정도였다. 그래서 이번에는 '섹시한 가슴으로 이름 쓰기'에 들어갔는데 다들 폭소를 터뜨렸다. 가슴으로 이름쓰기 게임이 생각보다 쉽지 않았지만 재미있었다. 율동으로 '일소일소 일노일노一笑一少 一怒一老 체조'를 할 때도 다들 신나게 따라 했다. 참여해주신 세 분께 선물을 드리자 우레와 같은 박수가 쏟아졌다. 마무리로 마술쇼를 보여주는데 몇 분이 의자 위로 올라가 강의장이 떠들썩하게 '야호' 함성 소리를 냈다. 마술쇼에서 큰 야호와 함성소리는 난생 처음이었다. 강의시간 내내 열심히 참여해주신 산림항공본부 직원들은 최고였다. 지금도 감사함을 잊을 수가 없다.

한여름인데도 무주는 시원했다. 돌아오는 길에는 아름다운 무주를 추억으로 남기고 싶어서 경치 좋은 곳에 차를 세우고 산책을 했다. 그런데 하늘에 갑자기 비구름이 몰려오더니 앞이 보이지 않을 정도로 장대비가 내렸다. 긴장과 초조함 속에서 운전을 하며 무주를 간신히 빠져나왔다. 강의뿐만 아니라 빗속을 뚫고 운전하여 집으로 돌아오는 것까지 나에게는 특별한 경험이었고 오래도록 기억에 남았다.

부안 농협 변산 수련원 강의도 '웃음치료와 힐링 마술쇼'로 특별하게 기억된다. 고향 선배님들이 오셔서 그분들을 대상으로 '웃음과 건강'에 대해 열강을 했더니 반응 역시 최고였다. 조합장님이 너무 좋아하시고 여성 대의원님들도 칭찬을 아끼지 않으셨다. 함께 퀴즈를 풀고 율동을 하면서 즐거운 시간을 보냈다. 또한 손 유희와 레크리에이션도 함께 잘 따라 하셨다.

강의를 할 때 마술을 보여주면 분위기가 최상으로 변하기 때문에 강의 마무리에는 파이어fire 마술을 보여드린다. 불 속에서 맛있는 사탕이 나오고 화려한 꽃들이 나오자 지켜보는 사람들이 깜짝 놀라며 신기해했다. 임원들을 앞으로 모셔서 꽃다발을 목에 걸어 주고 힘찬 박수로 소속감을 심어주니 더욱 좋아하셨다.

강의를 마치고 나니 농협 담당자가 점심식사를 꼭 함께하자고 하셨다. 배려해주시는 마음이 느껴져 거절하지 못하고 함께 식당으로 갔다. 반갑게도 내가 정말 좋아하는 부안 최고의 회정식이 나와서 맛있게 먹었다. 돌아와서는 강의 후기를 블로그에 올리고 감사의 문자를 농협 담당자께 보내드렸다. 다시 한번 뵐 수 있는 기회를 만들어 보겠다고 답해주셔서 진심으로 고마웠다.

얼마 전에는 블로그 강의 후기를 보고 순천 시청에서 연락이 왔다. 순천 시청 자원봉사단체장 정기 간담회에서 '서번트 리더십과 마술' 강의를 해줄 것을 부탁받고 가게 되었다. 자원봉사자들이 현장에서 활용할 수 있는 숫자 마술을 보여드렸더니 너무나 신기해했다. '어떻게 내가 좋아하는 숫자를 맞출 수 있을까?' 청중들이 비밀을 알기 위해 호기심 가득한 눈으로 마술에 집중했다. 어느 강의든 이렇게 한두 가지 마술을 활용하면 즐거운 분위기가 만들어지고 강사와 청중이 함께 하모니를 이루게 된다.

강의를 할 때는 나도 모르게 열정이 샘물처럼 솟아난다. 강사는 변화무쌍한 상황에서 그때그때 청중의 마음을 적절히 읽어낼 수 있어야 한다. 결코 각오로만 되는 것이 아니다. 인간 본성과 감정에 대한 통찰을 가지고 있어야 청중의 마음을 얻을 수 있다. 또한 나를 이해하고 사랑할 수 있을 때 비로소 타인을 이해하고 사랑할 수 있게 된다.

마술은 봉사를 하면서 자연스럽게 연마되었다. 마술은 남녀노소 어린아이까지 좋아해서 학생들 진로 코칭은 물론 강의 마무리에 잠깐씩 선물로 해드리면 인기가 좋다.

  나는 늘 끊임없이 배우고 겸손한 마음으로 청중에게 꺼지지 않는 자신감과 열정을 가득 안겨드리고 싶다. 더불어 항상 멋진 마술의 세계로 안내하며 즐거움을 선물하고 싶은 마음이 간절하다.

파워블로거 양성길 교수와의 만남

> 세상을 보는 데는 두 가지 방법이 있다.
> 모든 만남을 우연으로 보는 것과 기적으로 보는 것이다.
> – 아인슈타인

　대한민국 파워블로거 양성길 교수와의 소중한 인연은 국제 웃음치료협회 한광일 총재를 통해서였다. 블로그를 통해 처음으로 만나게 된 양성길 교수는 따뜻한 감성의 소유자였다. 본인이 배운 것들을 제자들에게 끊임없이 나누어 주는 것을 좋아하시는데 나도 그 제자들 중 한 사람이다. 양 교수님을 통해서 나는 블로그의 세계에 첫발을 내딛게 되었다. 2015년 1월 초 최은미 교수가 진행했던 서울 호서대학원 CS강사 1급 전문가 과정에서 양성길 교수를 처음 만나게 되었다. 전국에서 오신 50여 명 강사들의 CS강사 1급 전문가 과정 수료 후 시강에서 나는 당당하게 2등을 하여 교수님께서 블로그에 올려주셨다. 그때 소중한 인연이 되었다.

　처음 블로그를 배울 때는 새로운 세상을 접한다는 생각에 설레고 흥분이 되었다. 블로그를 배우러 대구까지 가는 일이 전혀 힘들지 않았다. 광주 호남대학교 웃음치료 강의를 마친 후 막차를 타고 대구로 향했다. 큰언니 집에 늦게 도착하여 하룻밤을 자고 다음 날 아침 일찍 대구 문화방송에 도착했다. 강의장은 이미 도착한 사람들의 열기로 뜨거웠다.

　처음에는 도무지 뭐가 뭔지 알 수가 없었다. 그래도 블로그에 대해서 하나하나 알아 가는 과정이 신기했다. 이제 겨우 블로그의 세계에 눈만 뜨게 되었는데도 강사들에게 큰 도움이 될 것 같은 생각이 강하게 들었다. 그래서 원광대학교 웃음치료 강사들을 모두 블로그 배우기 과정에 초대했다. 종일 블로그 활용 방법을 함께 열심히 배웠다. '잘 이해할 수 있을까?' 걱정도 되었지만 감사하게도 이해하기 쉽게 가르쳐 주셨다.

　양성길 교수는 강의를 감성적으로 풀어내며 늘 새롭게 도전을 하는 최고의 강사다. 소셜미디어 전문가, SNS 전략수립, 홍보마케팅, 4차 산업혁명, 셀프리더십, 소통리더십, 동기부여, 은퇴자 교육 등 다양한 강의를 하시면서 강사 역량강화 교육에도 심혈을 기울이고 있다. 서울특별시와 함께하는 소상공인 창업아카데미와도 함께 하고 있다. SNS 파워블로거이면서 전국을 무대로 강의도 하신다. 시간 관리를 철저히 해야 할 정도로 바쁘시지만 인근 지역으로 강의를 오실 때면 종종 연락을 하셔서 제자들을 챙겨주신다. 늘 제자들이 잘되기를 끊임없이 응원하고 신경써주신다.

　한번은 익산 농업인 창업교육에 특강을 오신 적이 있었다. 그때 나는 익산역에 마중을 나가서 강의장 근처에서 교수님과 점심식사로 다슬기 탕을 맛있게 먹었다. 교수님은 강의를 마치고 오는 길에 '대천가자 조개구이집'에 들르시기도 한다. 블로그 코칭을 해주시면서 끊임없는 지도와 조언을 해준다. 김성호 회장 역시 나와 함께 블로그를 배워서 잘 활용하고 있다. 덕분에 '대천가자 조개구이'는 맛집으로 소문이 나서 많은 손님들이 찾아오고 있다.

　블로그를 배운 이후로 나는 지금까지도 열심히 활용하여 '웃음치료', '소통', '리더십'을 알리고 있다. 웃음치료 강사로서 블로그를 통해 강의활동을 소개하는 일이 얼마나 큰 힘이 되는지 알게 되었다. 다양한 지역과 기관으로부터 많은 강의요청을 받고 있다. 강의가 들어오면 참으로 행복하고 감사하다. 파워블로거 양성길 교수를 만나지 못했다면 아마 지금도 블로그를 어려워했을지 모른다. 다시 한 번 깊은 감사를 드린다. 강사에게 있어 블로그는 꾸준한 자기관리의 산물이다. 앞으로 활동을 열심히 하여 사람들과 SNS로 소통할 수 있는 질 높은 블로그 공간을 만들고 싶다.

춤보다 노래를 잘하는 강사

> 낙관주의자들은 깜깜한 어둠 속에서 빛을 찾아내지만
> 비관주의자들은 어찌하여 그 불을 끄고야 마는 것일까
> – 생피에르

　몇 년 전 나주 동신대에서 토익사관학교 웃음치료 자격증 과정이 있었다. 설렘으로 열차를 타고 송정역에서 내려 버스를 타고 나주 동신대를 찾아갔다. 도착했을 때 이미 많은 학생들이 강의장을 메우고 있었다. 자신감을 갖고 레크리에이션으로 웃음치료 강의를 시작했다. 오후, 졸음이 몰려오는 시간이라 학생들에게 웃음으로 다가가는 것이 처음에는 어려움이 있었지만 즐겁게 레크리에이션을 하자 표정이 점점 밝아졌고 강의장은 곧 열정과 활기로 넘쳐 흘렀다.

팔도여행으로 고~ 고~

머리 양손으로 서울서울 짝짝

왼쪽 어깨 오른손을 대고 인천인천 짝짝

오른쪽 어깨 왼손을 대고 강릉강릉 짝짝

배 양손을 대고 대전대전 짝짝

오른쪽 엉덩이 나주나주 짝짝

왼쪽 엉덩이 대구대구 짝짝

끝으로 제주도 여행까지 보내드립니다.

비행기 타고 제주도 제주도 짝짝

발끝을 양손으로 대고 휘~~~익 제주도 제주도 짝짝

'팔도여행' 레크리에이션으로 마음을 움직이기 시작했다. 서로에게 아낌없이 칭찬을 하면서 자신감을 키우고 즐거운 시간을 만들어 주고 싶었기 때문이다. 졸음을 쫓기 위해서 한발 더 나아가 긍정의 에너지로 즐거움을 만끽했다.

강의 도중 이은미의 '애인 있어요.'를 한 소절 불러주었다. 여기저기서 앵콜을 외치는 소리가 울려 퍼졌다. 학생들을 위해 이번에는 이승철의 '그런 사람 없습니다.'를 불러 큰 박수를 받았다. 강의 중 노래를 두 곡이나 부르면 강의를 이어 가는 것이 여간 힘든 것이 아니다. 하지만 노래를 좋아하는 나는 즐거운 마음으로 노래를 불러주었다.

나주 동신대에서의 2시간 강의는 나에게 예쁜 추억으로 남아 있다. 강의가 끝나고 학교 담당자로부터 차 대접을 받고 강의에 대한 칭찬을 듣고 오는데 하늘을 나는 듯한 기분이었다.

친정아버지의 예술적 감각과 좋은 목소리를 물려받은 나는 노래를 잘한다고 많은 강사님들께 부러움을 사기도 해서 항상 감사하면서 살고 있다. 그런데 이상하리만큼 춤은 잘 추지 못한다. 아무리 연습을 해도 반 박자 느린 것은 왜 그럴까? 몸치 중에서도 왕 몸치다. 수업시간에 레크리에이션 율동 전문 선생님이 오셔서 강의를 할 때면 맨 뒤에서 따라 하는데 도무지 몸이 따라주질 않는다. 자신감을 갖고 맨 앞에서 따라 하면 뒤에 있는 학생들이 배꼽이 빠지도록 웃는 경우가 많다. 어쩌면 그렇게 반 박자가 느린지 사람들은 해외 토픽감이라고 말한다.

춤을 잘 못 추는 나는 강사의 세계에서 살아남기 위해 많은 노력을 해야만 했다. 틈만 나면 동영상을 보면서 끊임없이 춤을 배우고 연습했다. 그래서 요즘은 사람들이 춤추는 모습이 좀 더 유연하고 자연스러워졌다고 칭찬을 한다. 그럴 때마다 용기가 생겨서 손 유희 체조와 율동을 끊임없이 연습해서 지금은 자신 있게 할 수 있게 되었다. 오로지 연습만이 살 길이다. 이제는 웃음치료 강의를 할 때 율동을 자신 있게 할 수 있는 여유로움이 생겼다.

2017년 가을 어느 날, 광주 조선대학교 웃음치료 과정에서 100여 명이 넘는 사람들 앞에서 강의를 했다. 학생들에게 웃음치료 과정은 최고의 효과가 있다. 처음에는 어색하지만 마음의 문을 열고 나면 갈수록 열정적으로 함께 시너지를 창출할 수 있는 게 바로 웃음치료다. 함께 웃으면서 33배의 웃음의 효과를 경험할 수 있어서 큰 영광이었다. 광주 조선대학교 치대에서 강의를 하고 나서 역시

명문대학은 마인드가 다르다는 것을 느꼈다. 강의 후 가을 캠퍼스를 돌며 학생들의 힘찬 발걸음을 보면서 힐링의 시간을 보냈다.

책을 좋아하면 책벌레! 공부를 좋아하면 공부벌레! 많이 웃으면 헤벌레! 춤 연습을 많이 하면 춤벌레! 나는 연습벌레!

간혹 사람들은 나에게 왜 그렇게 힘들게 사느냐고 물어본다. 그때마다 나는 충분하게 준비한 후 강의에 임하면 자신감이 커지고, 마음이 풍요로워진다고 대답한다.

강의할 때 노래를 함께 하면 많은 플러스가 있다. 상황에 맞는 노래로 청중들에게 더 큰 공감대를 형성한다. 춤과 율동에 도전하고 연습하면서 조금씩 유연성 있게 내 몸도 따라가는 것을 느꼈다.

나는 노래를 무척이나 좋아한다. 끊임없이 응원해 주는 언니에게 감사함을 전달하기 위해 드디어 KBS 장윤정, 도경완 노래가 좋아에 함께 나가서 천년지기를 불렀다. 언니와 함께 호흡을 맞추며 많은 추억도 간직하고 영원히 잊을 수 없는 깊은 사랑을 간직하게 되었다.

또한 대구 큰언니의 응원이 더욱 힘이 났다. 많은 분들의 응원 속에서 노래자랑에 설 수 있어 더없는 큰 영광이었다. 앞으로 강의할 때 멋진 노래로 선물하면서 행복한 나날을 보내고 싶다.

2018년 KBS 노래가 좋아 출연

로타리클럽, 초아(超我)의 봉사

> 작은 봉사라도 그것이 계속된다면 참다운 봉사이다.
> – 데이지

2012년 곽인숙 회장의 권유를 받고 지역 봉사를 한다는 취지도 좋아서 서동로타리에 가입을 했다. 회원들은 각자의 분야에서 열심히 일을 하면서 봉사에도 기꺼이 참여하고 있다. 나도 바쁜 와중에 틈을 내어 로타리에서 진행하는 모든 회원들의 지역사회 봉사에 열심히 참여하고 있다.

로타리의 창시자 폴 해리스는 1868년 4월에 미국에서 태어났으며 법학대학을 졸업하고 신문기자, 대학 강사를 거쳐 뜻을 같이하는 세 사람과 클럽을 결성했다. 이들은 1905년부터 모임장소를 회원의 직장으로 정해 돌아가며 모임을 가졌고, 모임 이름을 '로타리 클럽'이라고 하였다. 나는 로타리를 만나기 전부터 로타리클럽의 네 가지 표준에 대한 글귀를 보고 깊은 인상을 받았으며 그 글귀로 인해 나 자신을 돌아보게 되었다. 다음이 나를 돌아보게 만든 글귀다.

첫째, 진실한가.

둘째, 모두에게 공평한가.

셋째, 선의와 우정을 더하게 하는가.

넷째, 모두에게 유익한가.

나는 현재 3670지구 익산 서동로타리 봉사 프로젝트 위원장과 이사를 13년째 맡고 있다. 지역사회에서 다양한 봉사를 하고 있는데 특히 초아超我의 봉사에 중점을 두고 있다. 소아마비 퇴치, 장학기금 마련 등 지역사회 소외계층을 찾아가 어려움을 함께 나누며 소통하고 있다. 또한 초등학교 리틀렉트를 창단하여 어린이들과 함께 지역사회 봉사를 실천하고 있다.

지역사회에 아름다운 봉사 문화를 만들어 지역발전에 기여하고 국제적으로 친선교류를 하는 것이 로타리의 취지다. 봉사 활동을 통해 많은 사람들에게 선한 영향력을 전할 수 있어서 감사하다.

가을이 되면 지역의 어르신들을 모시고 1:1 효도관광을 떠난다. 매년 다녀오면서 느끼는 것이 많다. 몇 년 전에는 어르신들을 남원 광한루에 모시고 간 적이 있다. 광한루 앞마당의 따뜻한 햇살 아래 어르신들을 편하게 앉혀드리고 음악 속에서 마술 공연을 했다. 그러자 어르신들의 표정이 환하게 바뀌더니 얼굴에는 미소가 가득했다. 음악을 들으며 노래를 부르고 박수도 치면서 즐거운 시간을 보내고 돌아오는 길에는 마음이 따뜻해지고 온몸에 기쁨의 전율이 흘렀다. 어르신들만 소풍을 다녀오신 것이 아니라 봉사자로써 함께한 회원들에게도 그날은 즐거운 소풍이었다.

지난가을에는 어르신들을 모시고 가까운 군산 역사박물관을 비롯해 새만금에 다녀왔다. 군산에서 식사를 하고 버스로 새만금 도로 위를 달리자 기분이 한껏 고조되었다. 새만금에 가면 세계 최고의 간척지 도로와 바다를 볼 수 있는데 어르신들도 봉사자들도 바다를 보면서 함께 행복해했다.

새만금 아리울 빨간 지붕 공연장에 가면 대한민국 최고의 공연을 볼 수가 있다. 외국인들도 많이 와서 관람을 하는데 '뮤지컬 아리울 스토리'는 감동적인 공연이다. 세상에 둘도 없는 아름다운 사랑이야기가 판타스틱한 공간과 조명을 배경으로 펼쳐진다. 또한 장구와 북이 등장하고 강렬하면서도 화려한 퍼포먼스가 있어 뮤지컬에 생동감을 준다. 공연이 다양하게 구성되어 있어서 어르신들에게 멋진 선물이 되었다. 어르신들은 생전에 좋은 구경을 했다고 손을 잡아주면서 눈시울까지 적셨다. 모두에게 행복한 여행이었다. 그날 이후로 아리울 뮤지컬의 팬이 되어서 나는 몇 번을 더 보았고 주변 사람들도 감동의 뮤지컬을 보러 다녀왔다. 로타리 한영순 회장과 회원들도 이런 멋진 공연이 있는지 몰랐다고 극찬을 하셨다. 나는 아리울 공연을 보고 감동을 받은 후 많은 사람들에게 홍보를 하고 있다.

서동로타리에서는 효도관광 외에도 연탄 봉사, 김장 봉사, 요양원 방문, 독거노인 방문, 이미용 봉사, 짜장면 봉사 등으로 농촌지역사회와 연계하여 지역민들에게 끊임없는 애정을 쏟고 있다. 지역에서 도움을 필요로 하는 기관들을 정기적으로 방문하고 있다.

익산에서 가까운 기독 삼애원도 로타리에서 방문하고 있다. 봉사는 물론이고 아이들에게 웃음치료 및 인성강의를 해주고 마술쇼도 보여주면서 즐거운 시간을 함께하고 있다. 해맑고 씩씩하게 성장하는 기독 삼애원 친구들은 아름다운 천사들이다. 나는 기독 삼애원 아이들을 원광대학교 스마일 스토리 공연에도 초대해서 특별한 시간을 선물하기도 했다. 또한 기독 삼애원 아이들 학예회 발표 때는 응원차 동참하기도 했다. 시민문화 회관에서 마술쇼도 함께했는데 아이들에게도 나에게도 멋진 추억이 되었다. 이렇게 사랑스런 아이들과의 소중한 인연도 로타리를 통해서 이루어졌다. 이제는 아이들과 정이 많이 들었다. 기독 삼애원 친구들 앞에 늘 꿈과 희망이 펼쳐지길 응원한다.

2016년 9월에는 대만으로 뜻있는 여행을 다녀왔다. 국제로타리 3510지구 대만 병동봉황로타리와 국제 친선 자매결연 조인식이 있었다. 대만 병동로타리의 헌신적인 봉사활동을 보면서 많은 것을 몸으로 느끼고 체험할 수 있었다.

병동봉황로타리는 한국의 로타리와는 달랐다. 기업을 운영하는 분들이 많아 그분들로부터 최고의 환대를 받아서 감사함이 가득했다. 로타리를 만나서 대만에서 의미 있는 체험과 봉사를 하고 돌아와 감회가 새로웠다. 익산 서동로타리 회원들은 대만의 병동로타리 회원들이 헌신적으로 봉사에 참여하는 모습에 감동을 받았고 동기부여도 되었다. 2016년 12월에는 대만 병동봉황로타리에서 한국을 방문했다. 요양원에서 같이 봉사를 하는 등 멋지고 소중한 시간을 함께 보냈다.

나는 최근에 감사하게도 익산 시장님으로부터 봉사상을 받았다. 어깨가 무겁지만 앞으로 지역사회에 웃음으로 희망과 건강을 주는 스마일 천사로 더욱 열심히 봉사하고 싶다.

우리는 삶에서 봉사를 끊임없이 실천해야 한다. 꼭 경제적인 도움이 아니더라도 각자의 시간, 재능 등을 활용해서 얼마든지 봉사할 수 있다. 도움을 필요로 하는 곳이 주변에 많이 있다는 것을 기억하자. 나도 항상 나누고 봉사하는 삶을 살아왔지만 봉사의 가치는 생각 이상으로 의미 있고 가치가 있다. "박사보다 높은 사람은 밥을 사는 사람이다." 라는 말이 있지만 밥을 사는 사람보다 봉사를 하는 사람이 더 위대하고 아름답다고 했다. 따뜻한 마음으로 우리 지역에서 소외된 곳을 찾아가서 사랑을 나누다 보면 더 큰 사랑이 나에게 전해져 온다.

지역 사회에 뜻있는 봉사를 할 수 있게 안내를 해준 3670지구 여성 최초 차기 총재 내정자 곽인숙님께 다시 한번 감사를 드린다. 초아의 봉사로 지역사회에 도움이 필요한 곳이라면 어디든 찾아가 나눔을 아름답게 수놓을 것이다.

2017년 12월 말에는 익산 서동로타리 최예숙 회장, 임원진과 함께 '기독삼애원'을 찾았다. 웃음으로 자신감 찾기 강의를 해주고, 아이들과 즐거운 다과 시간을 갖고 담소를 나누고 돌아오는 길이 참으로 뿌듯했다. 2018년 무술년 새해에는 『로타리 코리아』라는 책자에 곽인숙 차차 총재 내정자님의 추천으로 나의 봉사활동을 담은 글이 기재되어 큰 영광이다. 앞으로 지역사회에 더욱 열심히 나눔을 실천하고 싶다. 나의 작은 봉사의 씨앗이 큰 희망의 등불로 피어났으면 좋겠다. 그리고 가족 모두가 동참하는 봉사로 이어지길 소망한다.

3510지구 대만봉황 로타리클럽과 요양원 봉사

웃음으로 소통하는 리더십

> 웃어라 그러면 세상도 그대와 함께 웃는다.
> 울어라 그러면 그대 혼자 울게 된다.
> – 엘라 윌러 윌콕스

리더는 사람들에게 꿈과 희망의 메시지를 전달하는 사람이다. 리더가 리더십을 제대로 발휘하기 위해서는 긍정의 마인드를 가지고 첫째 본인을 칭찬하고, 둘째 상대를 칭찬하고, 셋째 자리에 없는 사람을 칭찬할 수 있어야 한다. 소통을 위해 칭찬 기법을 사용하면 어느새 청중들의 얼굴에 함박웃음이 피어나는 것을 볼 수 있다. 그래서 '웃음과 소통 리더십'은 언제나 조화로움이 있다.

지난여름에 부안 대명리조트에서 열린 '농촌지도자 생활개선 천안시 연합회 한마음 대회'에서 2시간 동안 특강을 하게 되었다. 1시간 전에 도착해 음향을 점검하고 준비를 하면서 사람들을 기다리고 있었다. 잠시 후 200여 명의 리더들이 단체복 T셔츠를 입고 들어오는 모습에서 멋진 인상을 받았다. 군산 새만금에 다녀온 리더들은 즐거움 가득한 표정으로 자리에 앉았다. 33.3km의 새만금은 여의도의 140배에 이르는데 무더운 날씨에도 내 고장 전북의 자랑이자 자부심인 새만금을 즐겁게 다녀오신 데 대해 감사드리며 강의를 시작했다.

환하게 웃으며 환영의 인사를 하자 청중들도 힘찬 박수와 함성소리로 화답하셨다. 역시 웃음은 마음을 긍정적인 상태로 변화시켜 분위기 조성에 효과적이다. 열정적으로 강의를 들어주는 리더들을 보면서 또 다른 매력을 볼 수 있었다.

웃음치료는 건강과 융합해서 할 때 시너지가 난다. 백세시대를 바라보는 요즘 건강을 위해 일상생활에서 병행할 수 있는 건강법, 혈자리도 함께 알려드렸다. 자신감을 갖게 하기 위해 '나는 날마다 점점 더 좋아지고 있다.'를 외치게 했다. 이어서 '긍정적 5단계' 펩톡을 하는데 200여 명의 리더들이 열심히 따라 하셨다. 펩톡의 에너지 덕분에 강의장 분위기는 어느새 후끈 달아올랐다.

〈긍정적 5단계 펩톡〉

나는 할 수 있다.
나는 잘 할 수 있다.

나는 더 잘 할 수 있다.

나는 아주 잘 할 수 있다.

나는 뭐든지 할 수 있다.

  2시간 동안 소통을 위해 강의장 끝까지 다가가서 리더들의 손을 잡고 노래를 부르기도 했다. 참으로 신바람 나는 강의였다. 세 분의 리더를 앞으로 모셔 박장대소를 시키자 적극적으로 참여해주셨다. 감사의 선물을 드렸더니 너무나 좋아하셨다. 강사는 청중들이 열심히 참여할 때 칭찬도 중요하지만 때로는 작은 선물도 준비하는 센스가 꼭 필요하다.

  그날의 강의는 리더들이 조직에서 충분히 자신의 역량을 발휘할 수 있다는 자신감을 갖게 하면서 웃음으로 하나가 되는 시간이었다. 끝나고 많은 리더들께서 손을 잡아주며 최고의 강의였다고 칭찬을 해주셨다. 또한 돌아오는 길에는 농업기술센터 팀장님으로부터 "열정적인 강의를 해주셔서 감사합니다. 다음에 천안에 와서도 강의를 해주실 수 있을까요?"라는 콜 강의도 받았다. 그 순간 엔돌핀, 다이돌핀이 팍팍 전해져 날아갈 듯한 기분으로 돌아왔다.

  웃음치료의 핵심은 긍정과 소통이다. 인간관계의 최대 조건은 경청에서 시작된다. 경청傾聽은 몸과 마음을 기울여 듣는다는 의미가 있다. 경청의 청聽은 귀 이耳, 임금 왕王, 열 십十, 눈 목目, 한 일一, 마음 심心으로 이루어져 있는데 즉, 열 개의 눈과 하나의 마음으로

왕이 백성에게 귀 기울이듯 상대와 한마음이 되어 들으라는 뜻이 있다. 경청을 하면 이심전심以心傳心으로 통하고, 인간관계의 기본인 상대방에 대한 배려도 잘할 수 있다. 리더는 직원들의 말을 '경청'하고 초긍정의 마음으로 바라봐야 그들을 변화시키고 자신감도 키워 줄 수 있다.

1996년 캐나다 캐드릭 펜위크 연구결과에 따르면 웃음과 소통하면 직원들의 사기진작을 15% 이상 높여주고 그로 인한 업무성과도 40% 이상 향상시킨다고 한다. 미국의 로버트 프로빈 교수는 웃음이 많은 기업은 웃지 않는 기업에 비교하면 평균 40%에서 300%까지 생산성이 증대되었다고 언급한다.

리더십이란 조직을 이끌어 가는 힘의 원천이다. 요즘 많은 기업체, 병원, 기관, 단체들이 시너지 창출을 위해 리더십에 웃음을 도입하는 경우가 많아졌다.

지난여름 '웃음과 소통 리더십' 강의를 위해 방문했던 익산 LG화학이 바로 펀리더십Fun Leadership의 본보기가 되는 기업이다. 익산 LG화학에서 강의요청이 왔을 때 지역사회 기업이라 무척 반가웠다. LG라는 기업 이미지에 맞게 의상을 블루 파스텔 톤으로 갖춰 입고 강의에 임했다. 입구에 도착하니 담당자가 나와서 안내를 해주셨고 멋진 글이 눈에 들어왔다.

"흠집도 안 날 만큼 강하게, 하지만 깃털처럼 가볍게. 모두 담는 것은 욕심일까?
꿈에서만 가능한 이야기일까? 가능해질 때까지 꿈을 꾸자.
꿈의 소재를 만들자. 모든 것의 기초가 될 내일의 바탕을 만들자."

LG화학 웃음으로 소통하는 힐링강의

　LG화학은 창조, 인간 존중의 경영, 솔선수범의 정신을 갖고 있으며, 임직원 간의 소통의 기본을 잘 실천하는 멋진 기업이었다. 그동안의 노고에 웃음으로 소통하는 힐링의 시간을 만끽할 수 있었다. 당당하고 신나게, 멋지게, 함께 해주셔서 암묵적 관계 속에서 나의 에너지를 창출할 수 있었다. 특히 공장장님, 상무님, 팀장님이 앞에서 열정적으로 임해주셔서 감동할 수밖에 없었다. 짧은 시간이었지만 LG화학 직원들에게 웃음을 전달할 수 있어서 감사함과 뿌듯함을 느낀 하루였다. 최고의 시너지 효과는 물론 리더들의 긍정 마인드가 최고의 기업임을 다시 한번 확인했다. 지역사회에 멋진 기업이 되어주길 응원 드린다.

12월 초 익산 OCI 주식회사에서 강의 요청이 왔다. 한 해 동안의 직원들의 수고와 직무 스트레스를 해소하고 웃음으로 소통하기 위해 건강 힐링의 시간을 4차에 걸쳐 가졌다. 직원들은 교대 근무로 피곤함에도 불구하고 최고의 긍정과 열정의 시간을 만들었다. 회사에 대한 직원들의 사명감이 대단하다는 것을 느꼈다.

　OCI의 사훈은 첫째 변화와 혁신을 추구하는 기업, 둘째 자신의 꿈을 현실화하는 기업, 셋째 봉사와 나눔을 실천하는 기업이다. OCI의 직원들은 도전과 변화 속에서 혁신을 꿈꾸고 있었다. 그들은 자부심이 대단했기에 리더십 강의를 통해 조금만 자극을 주어도 추진력과 창의력이 크게 향상될 것으로 기대되었다. 그들은 직장에서는 물론 이 사회에서 최고의 멋진 리더임에 틀림없다. 강의를 해 본 결과 OCI는 과장님, 부장님, 직원들이 함께 소통하며 앞서가는 멋진 기업이었다. 봉사와 나눔을 실천하고 지역사회에 큰 꿈을 주시는 기업이었다. OCI의 무궁한 발전이 있기를 기원드린다.

　또한 소중한 인연으로 연말에는 동학사 조달청 강의를 가게 되었다. 웃음으로 소통하는 커뮤니케이션 강의였다. 이곳은 긍정과 열정의 시간으로 즐거운 분위기였고 나에게는 새로운 경험이었다. 색다른 분위기로 다양한 강의 경험을 쌓을 수 있었다는 점에서 감사했다.

　전남지역 한국가스공사 임직원 워크숍 특강에서는 본부장님의 멋진 리더십을 볼 수 있었고 최고의 분위기에서 강의를 할 수 있었다. 안전이 제일인 한국 가스공사 임직원님들이 긍정과 열정으로 솔선수범하시는 모습을 볼 수 있는 즐거운 소통과 힐링의 시간이었다.

이런 분위기에서는 마치 누에고치에서 실이 나오는 것처럼 강사의 열정도 샘솟는 법이다. 참으로 행복한 강의였다.

　GE의 전 회장 잭 웰치Jack Welch는 "성공비결은 즐겁게 웃고 즐겁게 일하는 것이다."라고 말했다. 웃음이야말로 리더십을 발휘하게 할 수 있는 최고의 선물이 된다. "열정이 부족한 천재보다 열정이 넘치는 범재를 택하겠다."라고 잭 웰치가 말했듯이, 웃음은 긍정과 열정을 끌어올리는 마력이 있다. 그래서 웃음치료는 최고의 에너지를 창출할 수 있는 것이다.

농촌지도자 천안시 생활개선 연합회 변산　대명리조트

(주) OCI 웃음으로 소통하는 직무스트레스 해소관리

국제웃음치료와의 소중한 인연

> 생각하는 것이 인생의 소금이라면, 희망과 꿈은 인생의 사탕이다.
> 꿈이 없다면 인생은 쓰다.
> – 바튼 리튼

2007년 서울역 앞 국제웃음치료 센터를 찾아갔다. 조금은 낯설었지만 전국에서 오신 강사님들로 강의장이 초만원이었다. 잠시 후 한광일 총재와 첫 만남이 있었다. 한 분 한 분에게 자신감과 용기를 주시는 인자하고 자상하신 총재님의 모습에 감동을 받았다. 국제웃음치료는 나에게는 사막의 오아시스였다. 전국에서 강사님들이 오셔서 끊임없는 교육을 통해 자격증을 취득하고 있었다.

한광일 총재는 웃음치료 창시자이자 웃음치료사 특허를 내고 독보적인 활동을 하고 계신 분이다. 한 총재님은 웃음치료를 만나

2014년부터 30여 가지 웃음관련 자격증을 창시하고 10만 명 웃음 치료사를 배출했으며 140여 개의 지회가 활발하게 운영되도록 힘쓰고 계신다. 한 총재님은 40여 권의 스테디셀러를 집필하셨고 웃음과 감동이 넘치는 강연을 8,700회 달성하셨다. 또한 무료 웃음치료를 일주일에 두 번씩 진행하고 계신다.

한국 강사은행 강연 나눔 축제 때

나 역시도 많은 강사님들과 교류하면서 배우고 조금씩 성장해 가면서 오늘에 이르렀다. 자신을 비우고, 즐기고, 미치면 반드시 성공한다는 총재님의 말씀에 나는 웃음에 미쳐서 오늘에 이르렀다. "늦었다고 생각할 때가 가장 빠르며, 영원히 살 것처럼 꿈을 꾸십시오." 라는 말씀에 깊은 울림을 받았고 많은 동기부여도 되었다.

나는 지금은 웃음과 소통 리더십을 메인강의로 전국을 다니고 있다.

교통방송까지 진출하는 등 공공기관, 학교, 단체, 학부모 교육 등 다양하고 폭넓게 강의를 다니면서 행복한 나날을 보내고 있다.

내 생에 최고의 기회는 순천시민대학 강사역량강화교육에서 총재님 특강시간에 함께할 수 있었던 것이다. 최고로 행복한 순간이었다.

새벽 첫차로 순천에 도착하여 아침 9시에 강의가 시작되었다. 대단하신 강사님들 앞에서 강의를 할 수 있어 나에게는 큰 영광이었다. 강사님들은 서서히 강의에 물들어 최고의 반응을 해주셨다. 앞에서 뜨거운 응원을 해주신 강사님들과 순천시민들에게 평생 잊지 못할 멋진 힐링의 시간을 드릴 수 있어서 행복했다. 강의가 끝난 후에 선생님께서 칭찬을 하시며 강의에서 얻은 에너지로 더욱 열심히 하겠다고 하실 때는 마음이 뿌듯했다. 내 생애 최고의 강사료까지 받았으니 감사함이 가득했다.

강사는 끊임없는 노력과 지구력으로 불가능을 가능케 만드는 호박벌처럼 강사의 길을 가야 한다. 또한 8cm의 작은 누에고치가 실크실을 1,200~1,500m 빼내듯이 최고의 핵심을 뽑아내어 전달해야 한다. 나는 이러한 사명을 가슴에 품고 사람들의 행복과 기쁨을 위해 달리고 있다.

국제웃음치료 한광일 총재님은 나의 멘토이며 큰 스승이시다. 스승님의 가르침으로 끊임없이 도전할 수 있었고 용기를 잃지 않고 더욱더 큰 꿈을 꿀 수 있었다.

　노력하는 자만이 꿈을 꿀 수 있기에 더욱더 노력하겠다. 모든 일에 최선을 다하며 베풀고 나누는 자세로 마지막 순간까지 강사로 살겠다고 굳게 다짐을 해본다.

누구나 놀라운 잠재력을 갖고 있다.
자신의 능력과 젊음을 믿어라.
그리고 끊임없이 자신에게 말하라.
"모두 다 내 하기 나름이야"라고

- 앙드레 지드

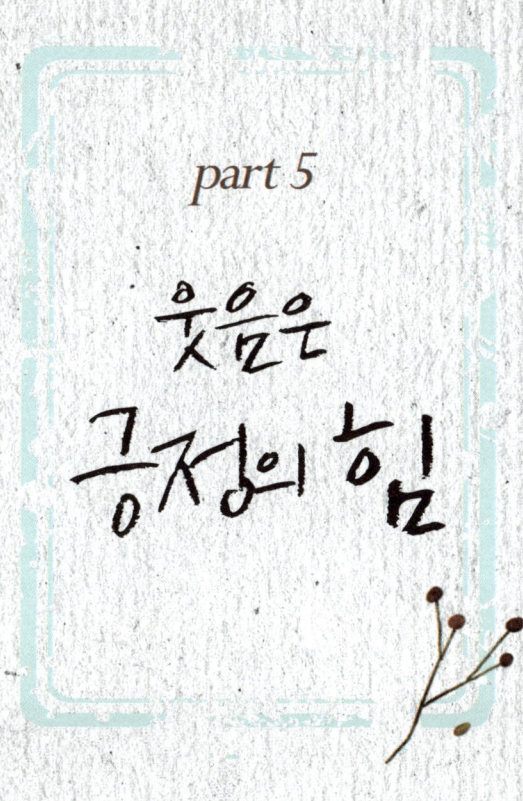

part 5

웃음은
긍정의 힘

내려놓으면 행복하다

> 웃지 않는 하루는 죽은 하루다.
> – 마하트마 간디

일에 대한 욕심이 많은 나는 화진 화장품 입사 초기에 회사에서 다섯 손가락에 꼽힐 정도로 많은 매출을 올리기도 했다. 그렇게 열심히 일을 하다 보니 누구보다도 빨리 승진을 해서 지점장 자리까지 올라갈 수 있었다. 그러던 어느 날 잘나가던 지점장 자리에서 내려와 본부장으로 일하겠다고 결심을 했다. 다들 부러워하는 자리를 내려놓겠다고 하니 회사도 주변 사람들도 만류를 했다.

사실 그런 결정을 하게 된 계기가 있었다. 당시 남편은 건강상으로 큰 시련을 겪고 있었는데 남편이 하루 빨리 회복되기 위해서는 내가 옆에서 돌보아야 했다. 그리고 젊은 날 못다 한 공부를 하고 싶었다. 이 두 가지는 시간이 지나면 하고 싶어도 할 수 없을 것만 같았다. 더 이상 미룰 수가 없어서 지점장 자리를 과감하게 내려놓았다. 내려놓고 나니 마음이 편안했다.

남편은 지극 정성을 들이자 건강과 웃음을 조금씩 되찾기 시작했다. 건강을 위해 등산을 시작하자고 했을 때 낮은 산조차도 힘들다며 나 혼자 올라가라고 할 때는 가슴이 철렁했다. 그런데 그렇게 산을 싫어했던 사람이 이제는 등산을 취미 삼아 전국으로 산악회를 다닐 정도로 마니아가 되었다. 휴일에는 산행을 위해 새벽 6시에 집을 나선다. 남편이 열심히 운동하면서 건강관리를 하는 모습을 볼 때마다 참으로 감사하다. 지금은 생활습관의 변화로 건강을 되찾아 직장생활을 열심히 하고 있다.

남편과 함께 공부를 하고 싶었지만 "이 나이에 무슨 공부를 해. 자신 없어. 대신 나는 등산을 할 테니 당신은 공부를 열심히 해."라고 거절을 해서 나 혼자 공부를 시작했다. 낮에는 열심히 일하면서 웃음치료 강의를 하고 밤에는 공부를 하면서 쉬지 않고 7년을 달려왔다. 내가 얼마나 부족한지 알고 있었기 때문에 끊임없는 노력으로 자신과의 싸움을 해왔던 것이다. 내가 웃음치료를 할 수 있게 만들어 준 장본인이 남편이다. 아픔과 시련을 이겨 내고부터 나는 모든 욕심을 내려놓고 하고 싶은 웃음치료와 공부를 선택했다.

고등학교 교장선생님이 해주셨던 삼행시가 머리에서 잊히지 않는다. 그 삼행시는 내 삶에서 꼭 필요한 세 문장이 되었다. 성인이 되어 공부를 시작했을 때는 마음가짐이 중요한데 이 삼행시는 웃음치료 전문가로서의 내가 가져야 할 자세를 간략하면서도 핵심적으로 알려주고 있다.

주- 주인공이 되자
전- 전문가가 되자
자- 자신감을 갖자

내 삶에 큰 비중을 차지했던 일에 대한 욕심을 살짝 내려놓자 배움을 통해 성장할 수 있는 기회가 계속 생겼다.

7년 전에는 유길문 회장을 만나 NLP프로그램을 공부했다. 『내 안에 잠든 거인을 깨워라』의 저자 앤서니 라빈스Anthony Robbins의 『거인의 힘 무한능력』이라는 책을 추천받아 읽었는데 책을 읽고 내 안에 위대한 능력이 숨어 있다는 것을 깨닫게 되었다. 부족한 내가 이렇게 책을 쓰게 된 것도 모두 유길문 카네기 전북지사장님 덕분이고 이은정·오경미 작가 덕분이다. 참으로 행복하다.

글감이 떠오르지 않아 힘들 때는 책 쓰기를 몇 번이나 포기하고 싶었지만 오경미 작가님이 꼭 할 수 있다고 끊임없이 용기를 주고 칭찬을 해주셨다. 오 작가는 모든 걸 이해하고 순응하는 초 긍정의 거인이다. 진심으로 고마움을 전하고 싶다. '고통이 클수록 지혜로움이 쌓인다.'는 신념을 갖고 힘들어도 인내하며 나는 이 시간에도 책 쓰기에 정진하고 있다.

　어느 글에서 '열정이란 집중하고, 반복하고, 포기하지 않는 것이다.'라는 문장을 읽은 적이 있다. 이 글에 100% 공감했기 때문에 나는 휴일이면 온 종일 책 쓰기에 집중하면서 포기하지 않는 노력을 기울이고 있다. 때로는 식사도 거를 정도로 몰입해서 끝장을 보기도 한다. 내 안에 이러한 열정이 있는지 가끔씩 깜짝 놀라기도 한다.

　'내려놓는 삶을 살아야 한다.'는 생각은 나의 인간관계에도 영향을 주었다. 몇 년 전 진정으로 믿었던 친구한테 뒤통수를 맞고 몇 달이 넘도록 괴로워했던 적이 있다. 인간적으로 믿었던 친구의 배신으로 슬픔에 잠을 이루지도 못하고 일도 할 수가 없었다. 돈도 잃고 친구도 잃은 채 오랜 시간을 마음 아파하며 많은 시간을 낭비했다. 그런데 어느 날 그 친구를 다시 만났는데 전혀 미안한 기색이 없었다.
　"나만 바보처럼 고통스러워했구나. 내가 이러면 안 되지. 내가 누군데, 나 이현춘이야!"
　더 이상 돌이킬 수 없는 일로 힘들어하지 말자고 생각을 바꾸었다. 그러자 상대방이 불쌍해 보였고 마음속 응어리가 풀어지기 시작했다. 힘들고 아팠지만 이 일을 통해 내가 좀 더 성숙해지는 계기가 되었다. 인생 공부를 톡톡히 한 셈이다. 사람은 이렇게 하나하나 내려놓으면서 철이 들어가는가 보다. 비록 친구가 연약한 나의 마음을 이용했지만 모든 걸 내려놓은 덕분에 다양한 인간관계 속에서 삶의 경험의 폭을 넓혀가고 있다.

아프리카에는 기우제를 지내면 100% 비가 온다는 속담이 있다. 신통한 능력이 있어서가 아니라 비가 올 때까지 기우제를 지내기 때문에 반드시 비가 오는 것이다. 기우제를 지내는 마음으로 욕심을 내려놓고 인내심을 갖고 정성을 다하면 원하는 일이 반드시 이루어질 것이다. 내려놓으니 참으로 행복하다. 인생의 폭이 넓어지니 마음의 여유로움이 생겨서 즐겁다.

내 손에 잡은 것이 많아서 아프다. 모든 걸 하나하나 내려놓고 느림의 미학으로 나 자신을 챙겨 보고픈 날이다. 앞으로 더 많이 내려놓으며 더욱 숙성된 삶을 영위하고 싶다. 그날을 그리며 지금부터 서서히 멋진 노후를 꿈꾸며 행복한 미소를 머금는다.

꿈에 그리던 대학생활

> 가슴 깊은 곳의 순수한 소망은 언제나 이루어진다.
> – 간디

 꿈에 그리던 원광 보건대학교 사회복지학과에 입학하던 날, 한없는 기쁨으로 하늘을 날고픈 심정이었다. 주위 사람들은 바쁘고 시간이 없으니 방송통신대학에 가라고 추천했지만 나는 대학 캠퍼스에서 학창시절을 만끽하고 싶은 큰 소망이 있었다. 그래서 2013학번으로 바라고 바라던 대학생활이 시작되었다.

 직장생활을 하면서도 꿈과 목표를 가지고 많은 분들이 원광보건대 사회복지학과 야간과정에 오셨다. 낮에는 열심히 일하고 오후가 되면 정신없이 강의실로 달려가서 대학생활을 할 수 있다는 사실이 감사하고 행복하기만 했다. 오후 6시가 되면 나는 학교로 달려가 제일 앞에 앉아서 열심히 수업을 함께했다.

대학교 생활은 나의 삶에 많은 변화를 가져왔다. 인생 선배로서 어린 동기들과 소통하기 위해 노력했다. 직장을 마치고 식사도 거른 채 오는 친구들이 대부분이어서 나는 가끔 동기들을 위해 간식을 준비하기도 했다. 학창시절 동기들과 함께 먹었던 김밥과 빵이 얼마나 맛있었는지 잊을 수가 없다.

야간대학에서는 만학도 학생들과 젊은 친구들이 함께 공부하기 때문에 많은 면에서 서로 챙겨주면서 협조하는 분위기가 필요했다. 사회복지학 야간 교수님들은 나이와 배경이 다른 학생들에게 늘 따뜻한 칭찬과 용기를 아낌없이 주셨다. 레크리에이션 수업, 율동, 수화연습을 하면서 친구들과 소통했고 함께 시험공부를 하면서 즐거운 학창시절을 보냈다. 시험기간이 되면 나는 교수님과 학우들을 위해서 간식을 준비했는데 베풀고 나눌 수 있어서 감사했다.

축제 때 친구들과 함께한 즐거운 추억들도 모두 떠오른다. 요즈음은 바쁜 나날을 보내다 보니 동기 모임에 참석을 못 해 친구들이 많이 보고 싶다. 그렇게 2년이라는 시간이 빠르게 흘러가고 말았다.

대학생활 동안 나를 행복하게 했던 일 중에 하나는 학교 친구들과 후배들이 나의 웃음치료 수업을 듣고 나서 자신감을 찾게 된 것이었다.

그중에 큰 변화를 가져온 사회복지학과 친구가 생각난다. 그는 착하고 순수했지만 말수가 적고 대인관계에 어려움을 겪고 있었다.

내면에 끼가 많았지만 외아들로 자라다 보니 끼를 발산할 기회가 적었던 것이다.

'제2의 김제동을 꿈꾸는 ○○○입니다.' 이 문장을 외치도록 했더니 "김제동이 누구예요?"라고 반문했다. 그 유명한 김제동이 누군지도 모를 정도로 이 친구는 소통이 부족했다. 변화를 위해서는 새로운 도전이 절실히 필요했다. 도움을 주고 싶어서 웃음치료를 공부해보라고 권유를 했지만 단번에 거절했다. 나는 포기하지 않고 계속 설득했고 결국 웃음치료 과정에 오게 되었다.

웃음치료 과정에 참여하는 친구에게 '나는 할 수 있다'와 이름으로 지은 삼행시를 외치도록 끊임없이 주문했다. 처음에는 힘들었지만 나날이 발전하는 모습이 눈에 띄었다. 웃음치료에 오면서부터 얼굴이 점점 환해졌다. 순수해서 배운 것을 스펀지처럼 받아들였다. 자신감이 붙기 시작하자 배움에 대한 열정을 보였다. 서울 호서대 벤처대학원에서 CS강의를 수강했을 뿐만 아니라, 이어 전북대 치매예방 인지놀이 과정을 수강하고 자격증까지 취득하였다. 이런 노력 끝에 자기 표현력이 탁월해졌고 스피치에도 자신감을 보였다. 친구가 발표하는 모습만 봐도 알 수 있었다.

"앞으로 100세 시대, 부모님을 위해 잘 배워서 부모님 은혜에 감사드리고 잘 모셔야 하기 때문에 전북대 치매예방 과정에 왔습니다."

발표 뒤 뜨거운 함성과 박수를 받았는데 자신 있게 발표하는 그 젊은 친구의 모습에 나 역시 가슴이 뜨거워지며 눈시울이 붉어졌다.

그날 학우들과 모임을 한 후 노래방에 갔는데 사람들 앞에서 한 번도 노래를 해본 적이 없던 친구가 노래를 부르자 다들 기절할 듯한 표정이었다. 노래에 이어 춤까지 추기 시작하자 동기생 왕 누나들이 끊임없는 찬사를 보냈다. 왠지 내 어깨가 으쓱했다.

"어떻게 이렇게 변할 수가 있어요, 현춘 언니?"

그 친구의 변화에 교수님과 학교 친구들은 깜짝 놀랐고 큰 감동을 받았다. 칭찬과 격려를 아끼지 않았다. 그 친구도 자신이 변한 모습에 기뻐했고 나와 그의 부모님도 참으로 행복해했다. 어머니는 나를 만날 때마다 "우리 아들이 웃음치료를 할 수 있게 도와주셔서 감사합니다."라며 진심 어린 인사를 하신다. 이제는 웃으며 옛날이야기를 할 정도로 그 친구의 어머니와 나는 가까운 사이가 되었다.

대한의 멋진 남아로 군 복무를 마치고 여행 후에 취업준비를 하겠다고 다짐하는 그 친구를 보면서 감동이 밀려왔다. 웃음치료를 배우고 변화된 친구를 생각할 때마다 웃음의 무한한 능력을 느낀다. 웃음치료를 해온 11년 동안 많은 사람들의 변화되는 모습을 지켜보면서 행복했다. 그는 웃음치료를 하는 동안 나를 최고로 행복하게 만든 제자였다.

모든 사람의 내면에는 거인이 잠을 자고 있다. 앤서니 라빈스의 『내 안의 거인을 깨워라』를 보면 끊임없는 교육으로 이끌어낼 수 있다는 것을 알 수 있다. 스스로를 깨워서 도전한다면 그 무엇이든 이루어진다고 생각한다. 간절히 원하는 것을 행동으로 옮기면 이루지 못할 게 무엇이 있겠는가? 간절히 원하라. 그러면 당신이 원하는 것은 무엇이든지 꼭 이루어지리라!

경영학부의 아름다운 추억

> 춤추라, 아무도 바라보고 있지 않은 것처럼.
> 사랑하라, 한 번도 상처받지 않은 것처럼.
> 노래하라, 아무도 듣고 있지 않은 것처럼.
> 일하라, 돈이 필요하지 않은 것처럼.
> 살라, 오늘이 마지막 날인 것처럼.
> – 알프레드 디 수자

어느 날 문득 '경영'이라는 단어가 내 안에 들어왔다.

"나 자신을 어떻게 경영해야 할까? 지금 하는 일들은 어떻게 끌고 나가야 할까?"

무엇을 하고 살든 '경영'은 삶과 밀접한 관계가 있다는 생각이 들어 나 자신을 확실하게 정립하고 싶어서 원광대 경영학부에 편입하여 대학생활을 이어 갔다. 늦었지만 지금이라도 시작했으니 얼마나 다행인가. 후회 없는 선택이었다.

경영학부는 만학도들의 학구열이 뜨거웠다. CEO와 직장인들이 있어서 공부뿐만 아니라 소중한 인연으로 함께할 수 있었다. 경영을 배우고, 인간관계를 형성하는 행복한 시간이었다. 경영학부 교수님들의 배려로 웃음치료 강의를 하면서도 큰 어려움 없이 학교생활을 할 수 있었다. 수업이 끝나면 종종 교수님, 친구들과 함께 식사자리를 갖곤 했다. 난생처음으로 소맥 파도타기를 했었는데 술이 몸에서 받질 않아서 곤혹을 치렀다.

눈 내리는 겨울날 포장마차에서 소주 한잔하는 여성들을 보면 제일 부러웠다. 음식은 다 잘 먹는데 유일하게 못 먹는 게 술이다. 술술 넘어가야 제맛이 날 것 같은데 목에서 넘어가지 않아 지금까지 술맛을 모르고 있다. 그래도 웃음치료를 배운 덕분에 그 누구보다도 즐겁게 놀 수 있는 끼가 있어서 다행이다.

어느덧 시간이 지나 2016년 2월, 2박 3일 일정으로 후쿠오카, 규슈로 졸업여행을 다녀왔다. 일본 여행은 처음이었다. 일본 후쿠오카 공항에 내리자 깔끔하게 정돈된 도시와 자연 그대로 보존된 주변 환경을 보고 많이 놀랐다.

동양 최대 와불로 유명한 남정원에 도착했다. 와불의 발바닥에 기도를 하면 무엇이든지 들어준다는 전설이 있다고 하여 나는 건강을 기원해봤다. 일본의 3대 명성城 중 하나인 구마모토성에 도착해 견고하고 웅장한 성벽을 보니 감탄이 저절로 나왔다. 저녁식사를 하는데 한 끼 먹을 만큼만 나온 깔끔한 식사를 보고 다시 한번 놀랐다. 필요 이상의 음식이 나오지 않는 절제된 음식문화를 집에 돌아가서 꼭 실천해야겠다고 다짐했다.

저녁에는 맛집으로 유명한 텐진역까지 20분을 걸어갔다. 친구들과 쇼핑을 하고 라면을 먹으려고 잔뜩 기대를 하고 있었다. 그런데 느끼한 돼지고기 국물 라면이 8,000원이었다. 돈이 아까웠지만 한 입 먹고 느끼해서 먹을 수가 없었다. 말로만 듣던 일본의 음식문화를 체험했던 시간이었다.

'여행은 돈을 소비하는 것이 아니라 돈을 버는 기술을 배우는 것이다.'라고 말했다. 여행을 통해 새로운 경험을 할 수 있다는 설렘이 가득했다. 일본으로 떠난 힐링 여행은 친구들과 돈독한 우정을 쌓는 시간이었다. 온천에서 충분한 휴식도 취할 수 있었다. 돌아와서 생각하니 여행은 삶의 기폭제가 되었다.

여행은 나 자신에 대한 투자이며 미래 인생의 깊이를 결정하는 시간이다. 새로운 경험으로 현실을 직시하고 더욱 새롭게 현실에 다가가는 시간이기도 하다. 이제는 여행을 1순위로 해서 멋진 경험을 하고 힐링하는 삶을 살고 싶다.

나상균 학과장, 고종식 교수와 함께 여행을 할 수 있어서 더욱 큰 의미가 있었고, 교수님들과 한층 더 가까워질 수 있는 찰진 시간이었다. 많은 추억을 공유할 수 있어서 큰 영광이었다.

여행의 기쁨도 기쁨이지만 학부 교수님으로부터 학교에서 강의를 요청을 받은 것이 가장 기뻤다. 모교에서 5개 학부 학생들과 웃음으로 소통한 인성교육 강의는 참으로 뜻깊은 시간이었다. 2시간 동안 학생들과 즐거운 시간을 함께 하기 위해서 많은 준비를 했다. 먼저 스팟, 즐거운 레크리에이션으로 마음을 열어야겠다고 생각하고 강의에 들어갔다. 학생들은 아침부터 교육이 있어서 좀 지쳐 있었다. 일단은 초콜릿으로 학생들의 몸을 충전시켰다. 이어서 퀴즈를 풀면 선물을 주는 형식으로 잠을 깨웠다. 앞에 있는 여학생 친구들이 잘 따라 해 주어서 모든 친구들과 즐겁게 할 수 있었다. 웃음으로 학생들에게 자신감과 자존감을 키워주었고 학교에 대한 자긍심을 갖고 즐겁게 학교생활을 하도록 격려해주었다.

인성강의로 맹자의 '인의예지신仁義禮智信' 즉 사람이 마땅히 갖추어야 할 성품에 대해서 강의를 했다. 어질고 의롭고 예의 바르게, 지혜로움과 믿음으로 원광대학교의 훌륭한 교수님들의 가르침을 받으며 멋진 학교생활을 하길 우리 친구들에게 부탁했다.

2시간 동안 참으로 귀한 만남이었다. 모교에서 후배들에게 강의를 했던 일은 내 인생에 잊지 못할 큰 선물이었다. 열심히 호응해주고 잘 따라 해준 우리 후배들이 고마웠다. 친구들이 웃음으로 사회생활을 잘하고 삶을 잘 개척해나가기를 맘속으로 응원했다. 땀이 흠뻑 젖도록 열강 했다.

웃음은 나의 사명이다. 그러니 에너지가 솟아나는 게 아닌가 싶다. 후배들의 박수소리를 들으면서 강의를 마쳤고 강의 후에는 사진도 찍으면서 즐거운 시간도 함께했다.

영국 철학자 버트런드 러셀Bertrand Russell은 "마음은 가장 놀라운 방식으로 주어진 재료들을 서로 결합시키는 참으로 별난 기계다."라고 말했다. 학생들이 학교생활에 충실히 적응해서 각자의 마음 재료를 잘 융합하여 사랑하고 좋아하는 일을 찾아 꿈을 펼치길 선배로서 응원한다.

원광대경영학부 친구들 나상균 학과장님 고종식 교수님과 즐거운 여행

영원한 팬들에게 감사를 전하며…

> 우리가 최선을 다해야 하는 이유는
> 사람들을 감동시키기 위해서가 아니라
> 최선을 다할 때 자신이 즐겁게 일할 수 있기 때문이다.
> - 앤드류 매튜스

오래전 전북도청에서 '생활 공감 모니터단'을 위한 강의를 했었다. 모니터단은 아이디어를 제안하고, 서민들의 불편을 해소하기 위해 각 시군과 지역사회에 건의하는 단체다. 국민의 일상생활의 편익을 위해서 모니터링을 하는 것이다. 웃음치료와 레크리에이션, 마술쇼 등으로 즐겁게 강의를 마치고 나니 배꼽이 빠지도록 웃었다는 분들도 있고 너무 웃어서 목이 아프다며 약을 사달라고 농담 섞인 칭찬을 하셨던 분들도 있었다.

많은 리더들이 몰려와 함께 사진을 찍고 명함도 건넸다. 그중 한 분이 남원의 이숙자 선생님이신데 현재 생활 공감 모니터단 5기 전라북도 대표이다. 그때 이후로 지금까지 나를 열렬히 응원해주는 팬이시다. 선생님은 대단한 열정으로 끊임없이 도전하는 분이다. 2년 전 웃음치료 자격증 과정을 카카오스토리에 올렸는데 이미 서울과 광주에서 웃음치료 과정을 마쳤음에도 불구하고 원광대학교 웃음치료 과정에 다시 등록해서 열정을 불태우셨다. 또한 남원에서 많은 지역사회활동과 청소년 자원봉사로 소양교육을 하고 계신다.

남원에서 익산까지 강의를 듣기 위해 먼 길을 오시면서도 종종 맛있는 떡을 해가지고 오셔서 나를 깜짝 놀라게 했다. 웃음치료 과정에 오시는 것도 감사함이 가득했는데 나눔의 미학까지 실천하시니 늘 큰 감동을 주었다. 지난 가을학기에도 열심히 참석하셨을 뿐만 아니라 항상 유머로 많은 사람을 감동시킨다. 함께해 주신 다른 수강생들도 과일과 맛있는 찰떡을 해가지고 오셔서 함께 즐거운 시간을 보냈다. 남원에 강의를 간다고 연락드리면 꼭 오셔서 응원과 박수를 보내주시니 이숙자 선생님과 함께할 때마다 행복하다. 웃음치료 강사로서 이렇게 동행하는 분이 곁에 있을 때 나에게는 큰 힘이 된다.

오랫동안 나와 동행하고 있는 문서현 강사는 모든 걸 알아서 재치 있게 도움을 주는 고마운 분이다. 배움에 대한 열정이 가득하고 끊임없이 노력하는 모습에 응원의 박수를 보낸다. 한번은 문서현 강사께서 큰 무대에서 멋진 율동을 보여주셨는데 감동이었다.

각 지역마다 강의를 가면 응원해주시는 분들이 많다. 일정이 빠듯해서 강의만 하고 돌아오려고 해도 알고 지내는 강사들로부터 전화가 온다. 그러면 짬을 내서 소통하는 시간을 갖기도 한다. 이렇게 작은 행복이 하나둘 늘어갈 때마다 그 응원의 힘으로 나는 성장해 나간다. 늘 나를 응원해주시는 분들께 뜨거운 인사를 전하고 싶다. 강의를 통하여 소중한 인연들과 멋진 인간관계를 맺을 수 있어서 강사라는 나의 직업에 감사할 따름이다. 난 참으로 인복이 많은 사람이다.

김제시 행복아카데미 강의 중에 손을 잡고 스팟 게임을 하는데 강의를 몇 번 들었던 회장님이 "강사님, 오늘 강의 너무 즐거웠습니다. 웃음을 만나서 행복합니다."라고 말씀하셨다. 그리고 며칠 후 회장님께서는 악수를 할 때 내 손이 차가워서 걱정을 했다며 천마즙을 보내주셨는데 너무 고맙고 감동이었다. 이렇게 강사 이현춘을 사랑해주는 많은 분들이 있어서 나는 가슴에 더 큰 열정을 품고 살아간다.

블루베리, 토마토, 사과, 버섯, 대추 등의 농사를 지었다고 보내주신 분들도 있다. 또 양파즙도 보내주셨고 건포도 말린 것을 보내주셔서 맛있게 먹었다. 반찬을 해주시는 분도 있다. 순천 강혜경 교수께 낚시한 자연산 돔을 받았을 때는 무척이나 행복했고, 대구의 홍수경 교수께서 반찬을 골고루 챙겨 가지고 원광대 강의에 오셨을 때는 깜짝 놀랐다. 갚아야 할 게 많아질수록 더 큰 사명감이 든다.

토마스 칼라일Thomas Carlyle은 "머리가 알아내기 전에 늘 먼저 보는 것은 가슴이다." 라고 했다. 많은 사람들에게 응원을 받는 만큼 대한민국을 행복한 세상으로 만들기 위한 꿈을 향해 전진하되 더 큰 노력으로 최선을 다하겠다고 다짐해본다. 전국의 많은 팬들에게 감사의 마음을 전하고 싶다. 늘 뜨거운 가슴으로 페이스북, 블로그, 카카오스토리를 통해 응원해주시니 그것이 밑거름이 되어 조금씩 성장해 가고 있다. 항상 변치 않는 초심과 따뜻한 마음으로 더욱더 큰 기쁨을 가득 안고 열심히 살고 싶다.

"고맙습니다."
"감사합니다."
"사랑합니다."

요리할 때 행복해

> 행복은 사소한 것에 있다.
> – 존 러스킨

　장독만 바라보면 행복함을 느끼는 나는 지극히 평범한 주부였다. 옥상이 있는 2층에는 장독이 가득하다. 단독주택에서 결혼 생활을 시작했는데 휴일에는 옥상에 올라가 장독대를 청소하는 것이 낙이었다. 결혼하고 20년 동안 많은 양의 간장, 고추장, 된장을 직접 담가 주변 사람들과 나눠 먹는 걸 좋아했기 때문이다. 생김치를 좋아하는 남편 때문에 몸이 아파도 일주일에 한 번은 김치를 담갔다. 그리고 남편 생일에는 항상 남편 친구들을 집으로 초대해서 정성스럽게 음식을 만들어 즐거운 시간을 보냈다. 나는 요리할 때 행복을 느겼다. 함께 나눠먹는 것을 좋아하지만 요즘에는 강의가 많아서 자주 하지는 못한다.

얼마나 바쁘게 살아왔는지 몇 년 전에는 남편 생일을 깜빡 잊은 적이 있었다. 그날이 일요일이라 지인들과 무등산 산행을 갔었다. 등산을 하고 내려와 산사에서 휴식을 취하며 이야기를 나누던 중 갑자기 오늘 중요한 뭔가를 빠트렸다는 허전한 느낌이 들었다. 그래서 다급하게 일행에게 물었다.

"오늘이 며칠이에요?"

"9월 15일인데요."

세상에! 남편의 생일이었다. 나는 깜짝 놀라 어찌할 줄을 몰랐다. 너무 바쁘게 지내느라 남편의 생일도 잊어버린 내 자신이 너무나 원망스러웠다. 가을바람과 함께 사찰의 풍경소리는 왜 그리도 구슬프게 들렸는지 가슴이 아파왔다. 남편에게 미안한 마음이 들어서 눈물을 하염없이 흘리자 세 분의 선생님들은 별것도 아닌 일로 눈물을 흘린다고 웃으셨다. 하지만 늘 나에게 헌신적인 남편의 생일을 챙기는 것은 나에게는 매우 중요한 일이었다. 곧바로 익산역에 도착하여 시장에 가서 장을 보고 집으로 와서 정신없이 잡채, 호박전, 소고깃국을 요리하여 저녁 생일상을 차려주었다. 생전에 시어머님은 당신 아들 생일을 잊지 않고 항상 아들이 좋아하는 걸 사가지고 오셨다. 돌아가신 시어머니가 알면 깜짝 놀라실 일이었다.

휴일에는 요리를 한 가지씩 해서 맛있게 먹으며 나만의 행복을 만끽한다. 잡채, 족발, 뼈다귀탕, 옻닭, 매운탕 등 좋아하는 요리는 자신 있게 할 수 있다. 나는 옻닭을 맛있게 끓인다. 집에서 한 달에 한 번은 먹을 정도로 좋아하는 음식 중에 하나다. 시골 토종닭을 사서 참옻, 마늘, 대추를 넣어 삶으면 국물이 구수하고 맛있는 옻닭이 만들어진다. 요리법이 비교적 간단하지만 사람들은 내가 만든 옻닭이 제일 맛있다고 칭찬하고 남편도 정말 좋아한다.

족발은 자주 요리해서 주위 사람들과도 나눠먹는 요리 중에 하나다. 친구들은 나를 만나면 족발이 생각이 난다고 가끔씩 이야기하곤 한다. 그런데 한동안 족발요리를 못 하게 된 사연이 있었다. 족발이 너무 맛있어서 남편에게 맛을 보라고 권했는데 치아가 약했던지 맛있게 먹다가 그만 남편의 치아가 빠지고 말았다. 분명히 심각한 상황인데 너무나 웃겨서 터져 나오는 웃음을 참을 수가 없었다. 남편은 화가 나서 막무가내로 혼을 냈고 다시는 족발을 하지 말라고 했다. 그 후 한동안 좋아하는 족발을 먹을 수가 없었다.

족발요리를 계속하다 보니 노하우가 생겼다. 나만의 요리법을 공개하자면 이렇다. 족발을 깨끗이 씻어 살짝 삶아낸 다음 찌꺼기를 씻어낸다. 그리고 된장, 생강, 홍삼, 음양각, 감초, 도라지, 인삼, 마늘, 커피, 진간장, 소주, 대파, 양파, 대추, 마른고추를 넣고 1시간 20분가량을 삶는다. 그런 뒤 차가운 물에 헹구어 소쿠리에 받쳐 놓고 밤과 대추를 저미어 통깨와 잣으로 고명을 넣어 버무리고 냉장고에 넣어두면 고들고들해진다. 매실 엑기스와 통깨를 넣어 만든 초고추장을 곁들이면 최고로 맛있는 족발을 먹을 수 있다.

20년 동안 족발집을 운영해 온 친구도, 내가 만든 족발을 먹어보고 "정말 최고다."라고 칭찬을 해주었는데 어깨가 으쓱했다. 친구 경채도 역시 정말 맛있다고 극찬을 한다. 우린 서로 잘 통하는 친구이기도 하다.

지난가을에 원광대학교 스마일 스토리 청남대 야유회가 있었다. 나는 족발요리, 간장게장, 배추 겉절이, 파김치, 나물, 쌈 배추를 그 전날 밤늦게까지 준비해서 야유회 점심으로 가지고 갔다. 족발을 비롯해서 그날 준비해 간 요리들은 교수님, 강사들에게 최고의 인기였다. 족발은 두 통을 가지고 갔는데 깜짝할 사이에 다 먹었다.

뜻밖에도 간장게장이 최고의 찬사를 받았다. 간장게장은 부안에 강의를 갔다 오던 중 싱싱한 꽃게를 사가지고 와서 오랜만에 만들었다. 좀 싱거우면 간장의 비율을 높여 정성껏 끓여서 세 번 부었는데, 그 맛이 삼삼해서 한 통을 가지고 갔는데 대성공이었다.

"강의는 그만하고 간장게장 사업을 하셔도 되겠어요."

정말 맛이 있었는지 함께 간 교수님, 강사들이 이렇게 이야기했다.

"교수님 간장 게장 레시피 주세요."

정성스럽게 만들어간 음식을 이렇게 맛있게 먹는 모습을 보면 나는 정말 기분이 좋았다. 지금도 가끔씩 교수들이 그때 먹었던 족발과 간장게장 맛을 잊을 수가 없다고 이야기를 하신다. 맛있게 드셔주셔서 얼마나 감사했는지 기회가 되면 그 행복을 다시 한번 맛보고 싶다. 원광대학교 스마일 스토리 여행은 참으로 잊을 수 없는 가을 여행이었다.

요리 역시도 정성이 필요하다. 긍정의 마음으로 맛있는 요리를 할 수 있다고 자신 있게 도전해 보면 못 할 게 없다. 나는 요리를 해

원광대 스마일스토리 야유회

서 함께 나눠먹는 걸 즐겼다. 나만 보면 족발이 생각난다고 하는 강사님들이 많이 있다. 요리도 실패를 거듭하고 연습을 해야 아름다운 작품이 나온다. 그 어떤 것이든 지속적인 관심을 가지고 되풀이하면서 잘해낼 수 있다는 자신감을 가지고 임해야 한다.

"어떤 말이든 오만 번을 되풀이하면 그 일은 반드시 이루어진다." 라고 언어학자들이 말했다. 그래서 이 말대로 나는 매일 "이 세상에서 제일 행복한 사람, 나!"라고 수없이 되풀이한다.

언제나 밝은 웃음으로
요리할 때 행복한 여자!
나누어 먹을 때는 더욱 행복한 여자!
강의할 때 최고로 행복한 여자!

청소를 하면 일주일이 행복하다

> 사람은 행복하기로 마음먹은 만큼 행복하다
> - 에이브러햄 링컨

결혼하기 전에 멋진 2층 집을 마련해 놓은 남편 덕분에 나는 집 걱정 없이 살아왔다. 가끔 아파트에서 살고 싶은 마음도 간절했지만 남편의 영혼이 담긴 집이기에 긴 세월 동안 리모델링을 하면서 살고 있다.

봄이 되면 현관문을 열기만 해도 파릇한 봄기운을 느낄 수 있는 우리 집이 좋다. 금낭화, 작약꽃, 나리, 백합 등이 아름다움을 뽐내며 작은 화단을 가득 메우고 있다. 비가 온 뒤에는 달래, 미나리, 돌나물 등도 뒤질세라 쑥쑥 자란다. 이러한 모습을 지켜보는 것은 얼마나 큰 기쁨인지 모른다. 결혼기념으로 감나무를 심었는데 제법 많이 자라 100개 정도 수확이 있었는데 화단이 작아서 아쉬움을 가득 안고 자를 수밖에 없었다. 지금도 가을이 되면 대봉감이 생각난다.

  오랜 세월 남편과 나의 추억이 담긴 우리 집을 청소할 때는 정말 행복하다. 어릴 때에는 청소를 하면 집안 어른들께 칭찬을 듣고 맛있는 것을 더 먹을 수 있었는데, 그 때문에 청소하는 습관이 만들어졌다. 행복은 물질적 풍요보다는 정신적인 삶과의 조화에서 온다고 생각한다. 일요일이 되면 늦잠을 자고 게으름을 부리다가도 '청소해야지!' 하는 생각에 정신이 번쩍 들어 청소를 시작한다.

  좋아하는 강의나 음악을 들으면서 대청소하는 것을 즐긴다. 2층에 올라가서 일주일에 한 번씩 청소를 해도 먼지가 가득하다. 엄동설한에도 추위에 아랑곳하지 않고 창문을 활짝 열어 먼지를 털어낸다.

  화장실을 청소할 때는 장갑을 끼지 않는다. 그 이유는 가장 더러운 곳을 청소하면서 나의 마음을 내려놓기 위해서다. 화장실은 특별히 청소에 신경을 쓰는 곳이어서 반짝반짝해야 한다.

  『청소력: 행복한 자장을 만드는 힘』을 읽은 적이 있다. 이 책에서는 '마이너스를 없애주는 청소력'과 '플러스를 끌어들이는 청소력' 등 인생을 극적으로 변화시키는 '청소의 힘'에 대해 소개하고 있다. 이 책을 읽고 새로운 마음과 깨끗한 환경이 만나서 생기는 시너지 효과에 공감이 되어 나름대로 그 책의 내용을 실천하고 있다. 청소를 하고 나면 왠지 뿌듯하고 어떠한 일이든 술술 잘 풀릴 것 같은 좋은 예감이 든다. 청소로 인해 삶에 플러스 효과가 생긴다.

청소를 한 후 음악을 들으면서 맛있는 것을 먹으면 무엇과도 바꿀 수 없는 제일 행복한 시간이 된다. 휴일에는 오로지 청소를 하고 여유를 만끽한다. 청소는 나에게 필요를 충족시켜 주고 성취감을 준다. 작심삼일이 되더라도 청소를 실천해보면 청소의 위력을 실감할 수 있다.

"일요일마다 무슨 청소를 그렇게 열심히 해?"

주위 사람들이 핀잔을 하지만 깨끗한 마음으로 한 주를 시작해야 일주일이 행복하다. 모든 게 정리 정돈이 되어야 마음이 여유로워진다.

제주도 여행 중

차 안도 지저분할 때가 많은데 왠지 내 마음인 것 같아서 일을 마치고 집에 들어갈 때는 꼭 차 안을 정리하는 습관이 있다. 그러면 발걸음이 가볍고 상쾌하다. '신발 벗어 놓은 걸 보면 그 사람의 마음을 알 수 있다.'고 했다. 그래서 나는 집에 들어가면 현관에 놓인 신발을 반듯하게 놓고 깨끗하게 정리정돈을 한다.

하루는 대청소를 깨끗하게 해놓고 즐거운 마음으로 도서관에 가서 책 읽기와 책 쓰기에 몰입하다 보니 어느새 저녁 10시가 되었다. 집에 도착해 현관문을 여는데 온 집안이 매캐한 냄새로 난리가 아니었다. 그때까지도 나는 무슨 일이 있었는지 까마득히 몰랐다.

"뭐 태웠어?"

남편은 화가 단단히 나 있었다. 나는 눈이 휘둥그레져 바라보고 있었다. 큰 사건이 벌어진 것이다. 저녁에 먹으려고 옻닭을 삶았는데 불을 끄고 간다는 것을 깜박 잊어 돌아와 보니 냄비에는 숯덩이만 남아 있었다. 심각한 상황을 마주하니 그제야 정신이 번쩍 들었다. 낮에 청소를 하면서 행복했던 순간은 어디론가 사라지고 온 집안에 냄새가 가득해서 밤새 잠을 잘 수가 없었다. 도서관에서 책을 쓰느라 옻닭이 타버리고 있는 줄은 꿈에도 몰랐던 것이다. 불이 안 난 게 천만다행이었다. 어쩜 그렇게도 생각이 안 났는지…. 정말 야속하기만 했다. 내 자신이 밉고 화가 났다. 냄새를 없애기 위해 방향제와 향수 등이 총동원되었다. 그래도 오랫동안 냄새가 쉽게 가시지 않았다. 지인으로부터 모기향을 피우면 잡냄새가 사라진다는 말을 듣고 그대로 해봤지만 냄새가 좀처럼 사라지지 않아 한동안 힘든 나날을 보냈다. 심한 연기로 안방과 작은방 옷방까지도 냄새가 배어 밤마다 손빨래를 하느라고 고생하면서 반성의 시간도 많이 가졌다. 정신 바짝 차리고 신경을 써야만 했다.

남편의 심한 꾸지람도 보약으로 생각하고 달게 받았다. 남편은 그 사건으로 많이 놀라고 내가 염려가 되었는지 인덕션 주방을 리모델링으로 바꿔주었다. 항상 말없이 지켜주고 지지해주는 사랑하는 남편이 있어 감사하고 행복하다. 그 후로는 남편이 항상 나보다 더 불조심에 각별히 신경을 쓰고 있다. 지금도 생각하면 아찔하다.

"정신일도 하사불성精神一到何事不成"

호랑이에게 물려가도 정신만 차리면 살 수 있다고 했다. 앞으로 또다시 이런 일이 있으면 안 되겠다고 맹세를 한다. 청소는 어지러워진 마음을 깨끗하게 정리해주고 하심하게 된다. 청소 하나로 행복할 수 있다면 그 얼마나 축복인지…. 웃음이 절로 나온다.

아버지와 하모니카

> 어머니는 우리의 마음속에 얼을 주고, 아버지는 빛을 준다.
> – 장 파울

친정아버지는 동네에서 엄하기로 소문난 분이셨다. 신나게 뛰어놀다가도 아버지가 오신다고 하면 친구들과 나는 재빨리 숨기에 바빴다. 놀다 보면 싸우기도 하고 욕도 하는데 그 모습이 눈에 거슬려서 아이들을 만나면 야단을 치셨다. 사실 아이들에게 바른 인성교육을 해주셨던 것인데 어릴 때는 아버지의 엄한 모습이 나도 친구들도 무섭기만 했다.

아버지는 농부의 길을 자랑스럽게 생각하셨다. 그래서 늘 라디오를 켜놓고 흘러나오는 노래를 들으며 즐겁게 일하셨다. 논농사를 짓고, 감자, 생강 등을 많이 심으셨다. 당귀, 작약 등의 약초 등도 재배하셨는데 수확할 때가 되면 온 가족과 동네 일꾼들이 모여서 함께 일을 했다.

힘들고 지칠 때 자식들을 보면 힘이 솟아난다고 늘 입버릇처럼 말씀하셨다. 자녀들을 꾸중하셔도 꼭 타이르면서 칭찬을 아끼지 않으셨다.

아마도 조부모님이 계셔서 더욱 엄하게 자녀들을 교육하셨던 것 같다. 일을 하고 약주를 하셔서 나는 늘 막걸리 심부름을 도맡아 했다. 주막집에서 술을 안 드시고 집에 와서 한 잔씩 드시고 기분 좋아 하시던 모습이 떠오른다. 식사 전에는 꼭 부엌에서 반주를 하셨다.

딸 넷 중에서도 셋째 딸인 나를 유난히도 예뻐해 주셨다. 내가 결혼 후에 몸이 아파 힘들었을 때 모든 정성을 쏟아부으셨다. 병원과 한의원을 전전긍긍할 때마다 아버지의 존재는 큰 힘이었고 위안이 되었다. 시골 장에서 가물치와 잉어 등을 사다가 온갖 정성으로 달여서 그것을 들고 버스를 타고 익산 터미널에 내려서 한참을 걸어 가게로 오신다. 나는 죄송해서 눈물을 훔치기도 했다. "힘드시니 그만하세요." 하고 만류해도 여전하셨다.

짬뽕과 자장면을 좋아하셨던 아버지는 식사만 하고 집으로 가시는데 가실 때 교통비를 드리면 받지도 않고 터미널로 가셨다. 그런 아버지의 뒷모습을 보고 화장실에서 하염없이 울기도 했다. 그때를 생각하니 이 글을 쓰는 지금도 눈물이 흐른다. 내가 행복하면 아버지도 행복하실 거라 생각하며 항상 위안을 삼는다.

옛적에 일본에 계셨을 때 가수를 해보라고 권유받았을 정도로 노래를 잘하셨던 아버지는 가수의 꿈을 꾸시기도 했다. 우리 가족들은 노래를 잘하셨던 아버지를 많이 닮았다. 아버지는 노래를 부를 때 행복해하시면서 이루지 못한 꿈을 아쉬워하기도 하셨다. 약주를 드시고 기분이 좋으면 건넛방에서 하모니카를 불면서 들려주던 노래가 있다. 봄에 들으면 더욱 감성적인 멜로디의 노래였다.

  산 너머 남촌에는 누가 살길래
  해마다 봄바람이 남으로 오네
  아~ 꽃 피는 4월이면 진달래 향기
  밀 익는 오월이면 보리 내음새
  어느 것 한 가진들 실어 안 오리
  남촌서 남풍 불 제 나는 좋데나

강의할 때 친정아버지를 생각나게 하는 이 노래를 부르면 앵콜이 나올 정도로 반응이 좋다.

넓은 시골집에는 호두나무, 감나무, 대추나무가, 뒷산에는 밤나무가 많이 있었다. 아버지는 호두를 보여주시면서 뇌 모양이 호두와 똑같이 생겼다고 하시며 호두가 뇌에 좋다고 일러주실 정도로 건강에도 관심이 많으셨다. 맛있는 호두나 생밤을 까서 먹으려고 하면 늘 오빠들이 먼저 먹고 딸들은 조금 맛보는 정도였다. 나는 그럴 때마다 왜 여자로 태어났을까 불만이 많았지만 지금은 내가 여자라서 참 행복하다.

내가 유일하게 실컷 먹을 수 있었던 것은 감과 대추였다. 대추를 먹다 잠이 들어 무척 혼나기도 했고, 대추를 몽땅 가방에 넣어 학교에 가져가 친구들과 나눠먹었던 적도 많았다. 지금도 홍시감과 곶감을 냉동실에 두고 하나씩 꺼내 먹을 정도로 무척이나 감을 좋아한다.

친정아버지와 함께

오랜 세월이 지나도 잊을 수 없는 어린 시절 사건이 있다. 7살 때로 기억한다. 아버지는 엄마와 함께 강변 목화밭으로 소를 몰고 가셨다. 시내는 비가 온 뒤라 물이 많이 불어나 있었는데 나는 겁도 없이 엄마를 따라 시내를 건너려고 했다. 엄마가 오지 말라고 애원을 했는데도 따라가겠다고 울고불고 난리를 쳤다. 화가 나신 아버지가 냇물을 건너오려고 하자 나는 죽기 살기로 도망쳐서 집 앞 우물 뒤에 숨어버렸다. 아버지는 화가 난 발걸음으로 나를 찾으려고 집안 이곳저곳을 살피셨다. 아무리 찾아도 없으니 대문 밖으로 나가셨다. 바로 그때 안도의 숨을 내쉬며 우물 뒤에서 일어났던 나는 아버지한테 붙잡혀서 죽지 않을 만큼 매를 맞았다. 너무 호되게 혼이 나서 생똥을 쌌다. 큰언니, 할아버지, 할머니께서 달래주셨던 생각이 난다. 언니 오빠들은 아마 그 고집으로 내가 여기까지 왔을 거라고 하시면서 내가 '정말 웃기는 아이'였다고 지금도 가끔씩 놀리신다.

지금 생각해보니 부모님이 나 때문에 얼마나 애가 타셨을까? 위험해서 오지 말라고 해도 엄마를 따라가려고 했으니 정말 철부지였다. 욱하는 마음에 때리셨지만 얼마나 마음이 아프셨을까? 그만큼 나를 많이 사랑하셨을 것이다.

아버지는 정이 많은 분이셨다. 시골집에 갈 때면 이웃들과 나눠 먹을 것들을 항상 바리바리 싸주셨다. 가을이면 갈대를 한 아름 꺾어놓고 전화를 하셨다. 그 갈대를 가져와 현관에 있는 항아리에 담아두고 행복해했다. 가을에 갈대만 보면 아버지가 사무치도록 그리워진다.

"정직하게 살아야 한다.",
"일기와 가계부를 잘 써야 한다."
"많이 베풀어야 한다."
아버지는 늘 훌륭한 가르침을 주셨다.

"아버지, 감사합니다. 고맙습니다. 사랑합니다. 가르쳐 주신 대로 나눔의 미학을 실천하며 누군가에게, 그리고 이 사회에 미력하나마 희망의 등불이 되겠습니다. 아버지 많이 그립고 보고 싶습니다."

그리운 친정엄마

> 부모는 그대에게 삶을 주고도 이제
> 자신의 삶까지 주려고 한다.
> – 척 팔라닉

　외갓집에서 큰딸로 사랑받으며 자라셨던 친정엄마는 18세에 두 살 연하의 아버지와 결혼을 하셨다. 남편 얼굴도 모르고 시집을 와서 한평생을 시부모님과 시동생들이 있는 대가족 속에서 사셨는데, 작은 체구로 늘 말없이 옆에 있는 사람들을 챙겨주며 배려하셨던 지혜로운 분이셨다. 엄마는 자식들에게 야단을 치지 않고 늘 웃으면서 타이르셨다. 아마도 아버지가 엄하시니 자녀들에게 사랑을 듬뿍 주셨던 것 같다. 친구들은 천사 같은 엄마가 있는 나를 많이 부러워했다.

"우리 엄마는 왜 다른 사람들처럼 야단을 치지 않으실까? 늦게 아이를 낳아서 안쓰러우셨나?"

성장한 후에 너무 궁금해서 언니들과 함께 물어본 적이 있다.

"나는 욕할 줄 몰라. 자식들한테 욕을 왜 혀."

엄마는 웃으면서 이렇게 말씀하셨다. 천사 같은 울 엄마, 솜사탕보다도 더 아름다웠던 울 엄마! 말없이 자녀들을 지켜주셨던 사랑 덕분에 어린 시절 나는 행복하기만 했다.

아버지는 엄마를 무척이나 아끼고 사랑하셨다. 외출하고 오실 때 '동동구리무'를 선물로 사오셨다. 그러면 엄마는 동생과 나의 튼 손에 그 로션을 발라주면서 스킨십도 많이 해주셨다. 엄마가 아프면 아버지는 양약은 독해서 안 된다며 직접 부채질을 하여 한약을 지극정성으로 달여서 드렸다. 그때마다 나도 눈물을 흘리면서 약탕기에 부채질을 했던 기억이 난다.

엄마는 어른들을 모시고 그 많은 세월을 인내하며 사셨는데 할아버지가 96세로 세상을 떠나실 때까지도 민소매 옷을 한 번도 입지 않으셨다. 유 '봉' 자 '순' 자, 유봉순 우리 엄마는 조부님을 잘 모셔서 효부상을 받으셨다. 네 딸들에게 큰 교훈이고 자랑스러운 존재셨다. 존경받을 수밖에 없는 지혜롭고 천사 같은 분이었다.

조부님을 모시고 살면서도 집안일에서 밭일까지 열심히 하시고, 시골 장날이 되면 어김없이 농사지은 채소, 고추 등을 시장에 가지고 가서 생선이나 다른 반찬거리로 물물교환해 오셨다. 난 동태국을 끓여주면 눈알을 제일 먼저 먹었고 고등어조림과 김치꽁치조림도 맛있게 먹은 생각이 난다.

학교가 끝나면 시골 장날에 엄마 찾아 삼만리를 했다. 엄마가 가는 곳을 알기 때문에 시장을 몇 바퀴 돌면 금방 만날 수 있었다. 그러면 번데기와 찐빵 중에서 내가 좋아하는 한 가지를 사주셨다. 좋아하는 빵을 먹을 때의 기쁨은 말로 표현할 수가 없다. 비가 올 때는 비를 맞고도 나는 엄마를 찾는 임무를 완수하고 집으로 돌아왔다.

엄마는 나를 45살에 낳으셨다. 얼마나 힘드셨을까? 하지만 엄마의 마음도 모르고 친구들 엄마보다 늙은 엄마를 부끄러워했던 적이 있다. 고등학교 진학상담을 할 때였다. 선생님께서 엄마를 모셔 와야 고등학교 입학원서를 써준다고 하셨는데 늙으신 엄마가 학교에 오는 게 창피스러워 마음을 졸였다. 그래서 엄마께 선생님 선물로 학교에 과자 종합선물 세트를 사가지고 오라고 사정을 했더니 다행히 그렇게 해주셨다. 안도가 되면서 기분이 날아갈 듯 얼마나 좋았는지 모른다. 지금 생각하면 너무나 철부지였다.

엄마를 생각하면 마음이 짠하다. 나는 엄마께 건강보조식품을 잘 챙겨드렸는데 어느 날 문갑을 열어보니 포장이 뜯기지도 않은 채 감추어져 있었다. 깜짝 놀라 왜그러시냐 물었더니 큰아들을 보니 당신이 오래 살면 안 되겠다 싶어서 먹지 않는다고 하셨다. 얼마나 가슴이 아프고 울컥했는지…. 그렇게 아들이 늙어가는 모습을 안타까워 하셨던 엄마였다. 아무리 설득해도 입을 벌리지 않으셨다. 지혜로움이 가득하고 존경받을 수밖에 없는 유봉순 엄마! 정신력도 얼마나 대단하신지 둘째 오빠가 치매 예방을 위해 날마다 엄마한테 글을 쓰도록 숙제를 내 주었는데 점점 글씨를 잘 쓰게 되었고, 글자를 알게 되어 손자들 생일까지 기억을 할 수 있게 되었다.

아버지께서 세상을 떠나면서 엄마에게 오래오래 살다가 천천히 오라고 하셨는데 그 말씀대로 살다 가셨다. 친정엄마는 노화로 한 달 동안 죽을 드시며 바깥출입을 못 하고 누워계신 일 말고는 병원에 입원한 적도 없으시고 참으로 감사한 나날이었다.

둘째 오빠와 올케언니의 사랑을 받으면서 원도 한도 없이 살았다고 말씀하셨다. 막내 오빠가 토요일마다 요구르트와 빵을 사가지고 오면 그렇게 행복해하셨다. 손주들이 장성하는 모습도 지켜보시며 많은 사랑을 받으셨다.

엄마는 셋째 딸인 나와 많은 아픔의 나날을 함께했다. 내가 아파서 누워 있을 때 구부러진 허리로 달려와서 지극정성 간호해주셨다. 세상에서 보낸 마지막 한 달, 나는 엄마가 나에게 해주신 것처럼 만사 제쳐놓고 간호해드렸다. 다행히 사회복지를 전공하면서 요양보호사 공부를 해둔 덕분에 시간이 날 때마다 대화를 나누고 목욕을 해드릴 수 있었다. 엄마는 나와 함께하면서 행복해하셨다. 주말에는 함께 잠을 자고 이야기도 많이 했다.

"우리 딸 그저 자식 하나만 점지해주세요. 다른 것 바라는 것은 없습니다."

잠든 내 손을 잡고 간절하게 기도하는 소리를 들을 때는 가슴이 에이도록 시렸다. 살아계실 때 "내가 엄마 딸이라서 너무 감사하고 행복해요."라고 말씀드렸던 기억이 난다.

삶과 죽음은 태어날 때 정해져 있지 않을까 생각한다. 한 달 동안 누워계시다가 저녁에 죽 한 그릇을 드시고 당신 마음처럼 따뜻한 봄날에 96세의 나이로 세상을 떠나셨다. 친정엄마가 계셨던 자리는 행복이 넘쳤고, 7남매가 서로 우애하며 지내는 모습에 온 동네 사람들이 부러워했다. 이제는 계셨던 자리마다 채울 수 없는 그리움이 가득하다. 엄마를 보내고 눈물을 흘리며 죄책감 속에서 힘든 3개월을 보냈다.

어느 날 꿈에 엄마가 보였다. 너무 행복해서 달려가자 엄마는 나를 으스러지도록 꼭 안아주셨다. 형용할 수 없는 기쁨을 느꼈다. 엄마는 아버지와 함께 뒷마당으로 걸어가셨다. 그 이후로 신기하리만큼 엄마에 대한 그리움이 서서히 줄어들고 강의와 공부에 몰입을 할 수 있었다. 나의 연약한 마음을 지켜보셨는지 모르겠다. 엄마는 눈물이 많은 나를 항상 걱정하셨다. 이제는 당당하게 말할 수 있다.

"걱정하지 마세요. 저는 이 세상에서 제일 행복한 사람이에요."

예전에는 산소에 가면 "엄마 도와주세요. 아버지 도와주세요." 이런 기도를 했지만 이제는 "엄마, 아버지 감사합니다."라고 기도를 드릴 수 있어서 기쁘다. 엄마에게 받은 사랑만큼 돌려드리지 못했지만 지금도 엄마가 건강하게 사셨던 것만으로 고마움이 가득하다.

이 세상에 오셔서 헌신적이고 아름다운 삶으로 며느리한테도 존경받았던 친정엄마, 엄마가 계셨기에 나도 모든 걸 인내하면서 슬기롭게 하루하루를 극복했다. 엄마가 있을 때는 마음이 큰 부자였는데 지금은 2% 채울 수 없는 공간이 자리 잡고 있기에 사무치도록 그리운 날이 있다. 우주보다 깊은 사랑, 가을 하늘보다 높은 사랑이었으므로.

친정 엄마는 둘째 오빠와 올케 언니의 사랑 어린 보살핌으로 시골집에서 행복한 노년을 보냈다. 대가족이라 힘든 생활이었지만 올케 언니는 바다같은 마음으로 가족들과 우애가 깊었다.

언니도 건강이 안 좋아 허리 수술을 몇 번이나 했지만 친정 엄마를 지극정성으로 돌보고 진심을 다하는 모습에 많은 사람들에게 칭찬을 받았다. 끊임없이 가족을 위해 희생하셨던 언니가 항상 고맙고 존경스러웠다. 언니 역시도 효부상을 받았다. 2대가 효부상을 받았으니 얼마나 큰 감격인지 언니가 자랑스럽고 감사했다. 난 언니와 고통의 마음을 함께하면서 친구처럼 보냈다.

어쩜 그리도 천사였을까? 생각해본다. 언니의 건강이 악화돼 병원에 갔는데 폐암 말기였다. 온가족이 청천 날벼락이었.

손을 쓸 수 없는 상황이었기에 더욱더 상심이 크고 가슴이 에이어왔다. 모든 게 야속한 나날이었고 열심히 살아오면서 희생하고 넓은 아량으로 나눔을 실천하면서 살아왔는데 가슴이 아팠다.

아이들 건강하게 자라고 손주손녀 보면서 행복한 삶도 잠시 언니는 병원 생활로 많은 날들을 아픔으로 보낸 후 촛불처럼 살다가 세상을 떠났다. 운명이었을까? 친정 엄마와 기일이 한날이다. 엄마와 함께 아프지 않은 세상에서 편안하게 생전처럼 도란도란 지내길 기도한다. 엄마와 언니는 내 마음의 그리움과 보고픔의 정거장이다.

시어머니의 애틋한 사랑

> 우리가 부모가 됐을 때 비로소 부모가 베푸는
> 사랑의 고마움이 어떤 것인지 절실히 깨달을 수 있다.
> – 헨리 워드 비처

　30년 전 맞선자리에서 처음 뵈었던 시어머니는 나를 너무도 예쁘게 봐주셔서 큰 사랑을 받으며 결혼했다. 시댁에는 며느리가 다섯 명이 있었는데도 둘째 며느리인 나를 딸처럼 각별히 대해주셨다. 딸이 없으셔서 늘 나에게 의지하고 속 이야기까지 해주셔서 나도 딸처럼 살갑게 어머니를 챙겨드리려고 노력했다.

　시어머니의 존함은 문 '정' 자 '순' 자시다. 어려운 시댁형편 때문에 젊은 날부터 남의 집 일을 해주고 품삯을 받아 생활하셨다고 한다. 뼈가 으스러지도록 일을 하시며 온갖 역경에도 굴하지 않고 살림을 이끌어 가셨다. 시골에서 무슨 일이든 마다 않고 해서 논과 밭을 장만하실 정도로 생활력이 강한 장한 어머니였다.

내가 존경하고 사랑하는 시어머니! 그래서 나는 문씨 성을 가진 여성분을 만나면 자랑을 한다. 시어머니로 인해 문씨 성을 가진 분을 좋아하게 되었다. 어머니는 유달리 자식 욕심이 많으셨는데 자식들에게는 절대 일을 시키지 않고 아버님과 손수 일을 하셨다. 자식들이 일을 도와주려고 하면 무슨 일을 하느냐고 야단을 치셨다. 나이가 들어 힘에 부치자 어쩔 수 없이 휴일에는 자식들에게 도움을 청하셨다.

보리밥만 생각하면 끔찍하다고 하셨던 어머니, 아이를 낳고 산후 조리를 할 때 흰 쌀밥이 아닌 보리밥을 먹었는데 보리 밥알이 넘어가지 않고 입에서만 빙빙 돌아 미역국만 몇 대접을 드셨다고 한다. 산후 조리를 제대로 못 해서 그 후로 귀앓이를 하셨고 결국 청력이 많이 떨어지셨다. 그래서 자식들이 아버님 환갑 때 어머니께 보청기 선물을 해드렸다. 하지만 보청기에 적응을 못 하셔서 오랜 세월을 힘들게 보내셨다.

아버님은 교통사고로 생사를 오가며 병원생활을 오랫동안 하셨다. 그 연유로 어머님은 아버님 환갑잔치를 꼭 해야 한다고 하셔서 성대하게 5남매가 함께했다. 아버님 환갑잔치 때 나는 시댁에 요리사를 불러 친척들과 손님들을 초대하여 잔치를 해드렸다. 자식들을 많이 사랑하셨던 어머니는 그날 자식, 며느리, 손주들에게 예쁜 한복을 선물해주셨다. 나는 시부모님께 반지를 선물해드렸는데 너무나 좋아하셨다. 그런데 얼마 지나지 않아 반지를 잃어버렸다며 안타까워하셨다.

"소 외양간 청소를 하다가 잃어버렸는지 좀처럼 생각이 안 난다."

2년이 지난 어느 날 텃밭에서 하지 감자를 캐다가 금반지를 발견하시고 뛸 듯이 기뻐하셨던 어머님. 이튿날 익산으로 나오셔서 금은방에서 금반지를 세척하고 광을 내신 뒤 번쩍번쩍해진 반지를 보고 행복해하시던 모습이 생각난다. 딸처럼 나를 아껴주고 사랑해주셨던 어머니를 생각하면 지금도 먹먹하다 며느리로서 존경하는 시어머니! 어머니 고맙습니다. 감사합니다. 사랑합니다.

생전에 어머님은 둘째 며느리인 나와 외국여행을 가고 싶어 하셨다. 그래서 학교시험이 끝나면 겨울 방학에 막둥이 시동생한테 함께 가자고 약속했는데 대학교 시험 마지막 날 시어머니께서 79세로 세상을 떠나셨다. 너무나 죄송스러운 마음이 복받쳐 눈물을 하염없이 흘렸다. 어머님이 세상을 떠나신 그날은 하루 종일 함박눈이 내렸다. 눈송이처럼 훨훨 날아 편한 곳으로 가셨을 것이다. 이튿날은 따사로운 햇살에 쌓였던 눈이 녹아내릴 정도로 포근한 겨울 날씨였다.

어머님께서 계실 때 시댁은 행복하고 단란했다. 그러나 이제는 쓸쓸하니 외로움만 가득하다. 오래오래 살아계실 줄 알았는데…, 명절이 다가오면 어머님 생각에 마음 한구석이 허전하다. 계셨던 자리가 바다처럼 넓고 사랑이 넘쳤음을 떠나신 뒤에야 깊이 깨닫는다. 내가 아파서 오랫동안 병원에 입원할 때마다 며느리의 아픔을 본인의 아픔처럼 생각하시며 마음의 상처를 주지 않으려고 조심하셨다. 싫은 내색도 한 번 안 하셨는데 어떻게 그렇게 하실 수 있었을까? 나라면 절대 그렇게 하지 못했을 것이다. 생각할수록 가슴이 멍해지고 아려온다. 한동안 어머님 생각에 힘든 시간을 보냈다.

나는 가끔 강의를 갔다 오면서 산소를 찾아가서 "어머님께서 나에게 원하는 것이 뭘까?", "살아계신 아버님께 잘하는 것을 원하실 거야." 이렇게 혼자 묻고 답하곤 한다. 요즘은 바쁘다는 핑계로 자주는 못 가지만 아버님께 의복과 건강식품을 잘 챙겨드리고 있다.

사정을 해야만 시골에 갔던 남편은 어머님이 가시고 난 뒤에는 토요일이면 어김없이 시골에 계신 아버님을 뵈러 간다. 남편이 삼겹살을 사가지고 가서 아버님과 함께 먹고 이발까지 해드렸다고 자랑을 해서 칭찬을 많이 해주었다. 매주 거르지 않고 아버님을 뵈러 가는 남편이 고맙고 감사하다. 오늘도 아버님은 아들이 오는 토요일이 빨리 오기를 기다리실 것이다.

8월 초 휴가 때 아버님을 모시고 대천 바닷가에 다녀오자고 말을 했더니 남편도 너무 좋아했다. 오랜만에 아버님을 모시고 바람을 쐬러 아침 일찍 출발했다. 점심으로 맛있는 회와 술을 드셨는데 "이렇게 맛있는 회는 생전 처음이다." 하시면서 맛있게 드시는 모습을 보니 행복하면서도 죄송한 마음이 들었다. 아무리 바쁘더라도 시간을 내서 맛있는 음식을 함께 먹으면서 작은 행복을 가득 안겨드려야겠다고 다짐했다. 나의 작은 생각이 아버님께 이렇게 행복을 드린다는 것을 이제야 깨달았다.

어머님은 하루도 쉬지 않고 일을 하셨다. 손에 관절염이 있었지만 겨울에도 아픔을 잊은 채 미나리꽝에서 단을 묶는 일을 하셨다. 자식들의 성화에 못 이겨 일을 잠시 접기도 했지만 건강하다고 자부하셨다. 하지만 나이에는 장사가 없었다. 뜻밖에 찾아온 어머님의 병환으로 가족들은 많이 놀랐다. 오래오래 곁에 있어줄 줄 알았던 어머님께서 편한 세상으로 떠나셨다. 항상 감사함으로 가득했던 시어머니, 이 세상에 이런 분이 또 계실까 생각해본다. 한 번이라도 야단을 치셨다면 내 마음이 이렇게 아프지는 않을 것이다. 며느리의 아픔을 함께한, 이 지구상에 단 한 분뿐인 시어머니, 어머님은 분명 나에게 끊임없는 응원을 해주실 것이다. 어머님의 깊은 사랑으로 나는 지금 이렇게 건강하게 살아가고 발전해 나가고 있다.

"어머님 사랑합니다."

비 오면 행복했는데…

> 희망은 비용이 전혀 들지 않는다.
> – 콜레트

어렸을 때부터 비가 오면 마냥 행복하기만 했다. 온 대지의 먼지들이 빗물에 씻겨 내려서 마음까지도 정화되는 느낌이었다. 비를 애타게 기다리는 부모님을 보면서 덩달아 기분이 좋았다. 비 오는 날에는 온 동네 사람들이 함께 천수답 모내기를 했는데 리어카 한 가득 점심을 싣고 가면 다들 비를 맞으면서도 맛있게 먹었다. 추위를 달래기 위해 새참으로 호박과 감자를 넣어 수제비를 끓여 먹기도 했다.

비 오는 날만큼은 어린 시절의 영향인지 감상에 젖어서 마냥 즐겁기만 했다. 전통찻집에 가서 차 한 잔을 마시면 정말 행복했고, 창가에 빗방울이 떨어지는 모습만 보아도 기분이 좋았으며, 비가 오면 영업을 하면서도 힐링이 되었다. 그래서 늘 비가 내리기를 기다렸다.

내 자신에게 마음의 여유와 멋진 시간을 선물하고 싶은 충동이 들면 친구들과 바닷가 라이브 무대를 찾아서 피아노, 색소폰 연주에 맞추어 노래를 즐겨 불렀다. 감성이 풍부해서 때론 열차가 지나가는 모습을 보고 여행을 떠나기도 했다. 새만금이나 대천 바닷가를 자주 찾아가 풍부한 감성을 만족시킨 뒤 저녁노을을 보고 돌아오기도 했다.

그렇게 아름답고 정겨웠던 비가 슬픔으로 다가온 날이 있었다. 2008년 8월 남편이 갑자기 쓰러져서 119로 병원에 옮겨지던 날, 밤새도록 장대비가 주룩주룩 내렸다. 그 여름에는 유난히도 비가 많이 내렸는데 비는 갑자기 들이닥친 내 인생의 슬픔의 양으로 다가왔다.

야속하게 내리는 비를 보면서 나는 병원 밖으로 나와 친정엄마를 부르면서 대성통곡을 했다. 내 처지가 외롭고 슬프고 초라해서 눈물이 주체할 수 없을 만큼 하염없이 흘렀다. 그러나 나로 인해 힘든 시간을 보내신 친정엄마께는 차마 남편이 아프다는 말을 할 수 없었다. 3개월 후 남편이 퇴원할 무렵에야 말씀을 드렸더니 그렇게 힘든 일이 있었냐며 깜짝 놀라셨다.

그해 여름의 사건으로 비가 와도 예전처럼 행복함을 느낄 수가 없다. 결혼 후에도 간직했던 철부지 소녀감성이 이제는 돌아올 수 없는 먼 옛날의 추억이 되었다. 늦은 밤 빗방울이 내리면 쓸쓸함과 외로움이 밀려와 서둘러 잠을 청한다.

어제부터 비가 내렸다. 다시 건강해진 남편을 보면서 힘들었던 기억을 떨쳐버리고 지난날 슬픔의 비를 다시 반가운 비로 바꾸어보겠다고 굳게 다짐한다. 늦은 밤 내리는 비를 보면서 지난날의 행복이 내 맘속에 가득 차오르기를 간절히 희망해 본다.

올여름은 비가 많이 내렸다. 이 비는 분명 나의 가족의 건강과 나의 행복의 빗방울이 될 것이라고 행복한 상상의 나래를 편다.

미래의 꿈 웃음치료강사 양성

> 촛불은 그 자신을 밝히기 위해
> 존재하는 것이 아니다.
> - 수피 명언

나는 나를 가장 사랑하는 사람이 되었다. 웃음을 만나서 보람 있는 일을 하고 있기 때문이다. 대한민국 웃음치료 메카로 인정받고 있는 13년 역사의 원광대학교 웃음치료 과정을 교수님의 뒤를 이어 내가 전담하고 있다.

웃음치료, 펀리더십, 레크레이션, 치매예방 등 수많은 사람들과 함께한 추억들이 주마등처럼 스쳐간다. 사업 실패와 건강상의 아픔을 지닌 채 웃음치료 과정에 오신 많은 분들이 변화되는 모습을 보면서 가장 행복한 시간을 보냈다. 내가 웃음을 통해 변화되었기 때문에 자신 있게 많은 사람들에게 웃음으로 꿈과 자신감을 줄 수 있었다.

앞에 나와서 자기소개를 못 할 정도로 자신감이 없었던 대학생들이 15주 웃음치료 과정을 통해 자신 있게 3분 스피치로 자기소개를 하고 자신감을 가질 때 큰 뿌듯함을 느꼈다. 웃음치료 후 면접시험에 합격했다고 환한 미소를 지으며 음료수를 사들고 온 학생도 잊히지 않는다.

3년 전 크리스마스 이브에 자격증 과정에 어두운 표정으로 왔던 두 아들과 엄마가 생각난다. 아버지의 건강 악화로 집안이 우울했던 모자는 웃음치료 과정에 와서 밝은 분위기로 변화했다. 마지막 날 두 아들이 눈물을 흘리면서 엄마에게 고마움을 전할 때 나도 가슴이 뭉클했던 기억이 생생하게 떠오른다.

85세 치매 친정어머니를 모시면서 우울증을 앓던 요양보호사님도 기억난다. 치매 어머니와 함께 웃음치료 과정에 오셔서 15주 동안 한 번도 빠지지 않고 참석하셨다. 두 모녀가 잃었던 웃음을 되찾고, 사람들 앞에 나와서 박장대소를 하는 모습을 볼 때 뜨거운 감동을 느꼈다. 말이 없고, 투정만 부리던 친정어머니는 자주 웃고, 고분고분해지셨다. 웃음치료 과정에 가자고 하면 너무 좋아하신다며 화요일만 기다리신다고 했다. 두 모녀는 유일하게 행복한 날이 웃음치료에 오는 날이라고 했다.

마하트마 간디는 "자신에게는 주먹을 쥐고 타인에게는 손을 펴라."고 말했다. 혼자 만들면 추억이 되고, 둘이 만들면 아름다운 기억이 된다. 웃음을 통해 타인과 손을 잡고 함께할 때 우리는 놀라우리만큼 성장할 수 있다. 웃음은 나누면 나눌수록 삶의 질이 향상되는 놀라운 힘이 있다.

웃음은 긍정이고, 자신감의 상징이다. 웃음치료 과정에 오신 분들은 웃음에서 긍정에너지를 받아 각자의 놀라운 잠재능력이 발휘하고, 삶의 스트레스도 웃음으로 승화시킬 수 있다. 불면증, 우울증, 두통, 신경성 위장병 등의 질병도 얼마든지 웃음으로 완화될 수 있다.

원광대학교 평생교육원 웃음치료 과정은 13년 동안 많은 웃음치료강사들을 배출했다. 이들은 메마른 세상에 촉촉하게 내리는 단비와 같은 역할을 해오고 있다. 전북은 물론 지역사회에서 큰 역할을 하고 있는 웃음치료강사들이 대단하고 존경스럽다.

웃음치료 과정은 내가 지금까지 12년동안 '웃음과 소통 리더십' 강의를 해오는 길에 모태가 되었다. 삶에 지쳐 살아가는 사람들에게 나는 진정한 웃음의 가치를 전하고 행복을 함께 나누고 싶다. 대한민국 웃음전도사로서 최선을 다하겠다고 다짐해본다.

원광대학교웃음치료 자격증과정 한광일총재님

가난, 허약함, 못 배움은 성공의 원천이었다.
가난은 부지런함을 낳았고
허약함은 건강의 중요성을 깨닫게 해주었고
못 배웠다는 사실 때문에 누구에게서라도 배우려고 하였다.

- 마쓰시다 고노스케

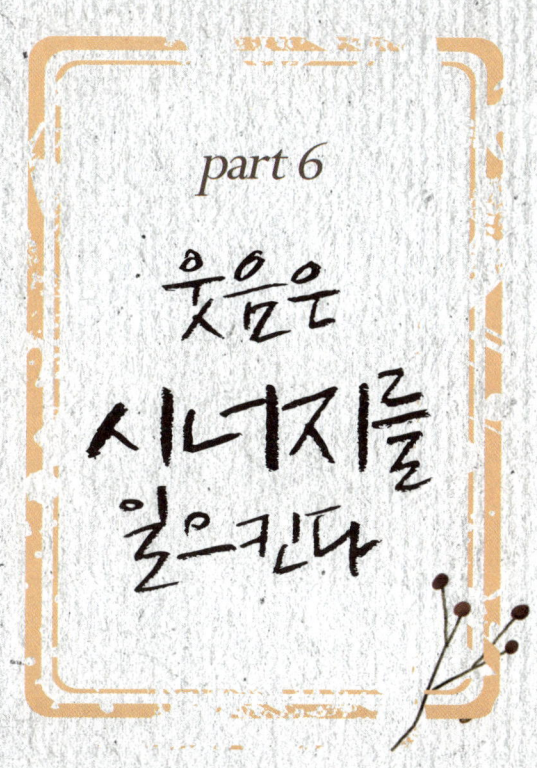

part 6

웃음은
시너지를
일으킨다

웃음은 시너지를 일으킨다

"가치는 같이할때 더욱 빛난다"
- 리더스 클럽회장 유길문

　사람들을 가장 행복하게 해주는 요소 중 하나가 '건강'이다. 몸이 아팠던 나는 건강을 찾기 위해서 열심히 웃었다. 그러자 효과가 나타났다. 목이 트이고 가슴이 열리면서 여러 감정의 응어리가 풀렸고 심신이 편안해졌다. 또한 마음의 빗장을 환하게 열어주어 대화를 할 때 자신감이 생겼고 삼라만상 온 우주가 나에게 행복을 주는 것으로 받아들이게 되었다. 또한 단전에 힘이 생겨서 우렁차고 열정 있는 웃음소리를 얻게 되었다. 이렇게 웃음을 얻게 된 뒤부터는 운동을 했을 때보다 더 건강해졌다. 그래서 웃음을 사람들에게 심어주고 싶은 마음이 간절해졌다. 웃음의 효과가 얼마나 큰지 알게 되었기 때문이다.

　웃음의 효과를 알아보자. 우리 몸에는 약 650개의 근육이 있는데 연구결과에 따르면 웃을 때 231개의 근육과 얼굴에 있는 80여 개 근육 중 15개의 안면근육이 동시에 움직여 자연적인 운동이 된다. 한 번 크게 웃으면 윗몸일으키기를 25번 한 효과를 얻을 수 있다. 10초 동안 웃으면 노 젓기를 3분 동안 한 효과가 있다. 일본의 볼 메리올 병원 연구에 따르면 하루에 15초 이상 웃으면 수명이 이틀 연장된다. 45초 이상 웃으면 고혈압과 스트레스가 완화되고 10분을 웃으면 2시간 동안 고통 없이 편히 잘 수 있다고 한다. 웃음은 실천하기만 하면 명약 중에 명약이다. 혼자 웃는 것보다 함께 웃으면 33배의 효과가 있다.

　웃음이 질병을 예방하고 치료하는 데에도 효과가 있다는 것이 과학적으로도 입증이 되었다. 코미디프로를 시청한 사람의 혈액에는 세균에 저항하는 백혈구의 숫자가 증가하고, 스트레스 유발 호르몬인 코르티솔은 줄어들어 있다고 한다.

　웃음은 누구나 손쉽게 활용할 수 있는 신이 주신 선물이다. 정신 건강에 탁월한 것이 바로 웃음이다. 웃음은 대화의 통로가 될 뿐만 아니라 웃음으로써 상호 간의 신뢰감과 자존감이 회복된다. 21세기에는 빨리 가는 것보다 함께 갈 때 공동체가 시너지를 발휘할 수 있다.

　나는 웃음을 알기 전에는 모든 문제를 부정적으로 받아들이는 경향이 있었는데 지금은 초긍정의 마음으로 문제를 받아들이고 있다. 웃음은 나를 고통의 늪에서 벗어나게 하고 생기를 되찾게 해주었다. 마음의 병이 장맛비에 깨끗이 휩쓸려간 느낌이랄까. 다 표현하려면 나의 어휘로는 부족하다. 많은 사람들이 웃음으로 행복을 찾았으면 하는 간절한 마음이다.

내가 웃음으로 마음의 여유를 찾게 된 뒤에는 하는 일에서도 시너지가 났다. '시너지'를 생각하면 『더 시너지The Synergy』의 저자 유길문 회장님이 생각난다. 내가 책을 쓸 수 있도록 도와주시고 끊임없는 용기와 칭찬을 해주신 시너지 코칭의 대가이시다.

『더 시너지』 책을 읽으면 보석 같은 글이 눈을 반짝반짝 빛나게 한다. '사람이 답이다. 실행이 답이다'와 같이 사람을 보물처럼 여기게 하고, 인간관계를 빛나게 할 수 있는 생각들을 만날 수 있다.

> **S** - Simple, 시너지를 내기 위해서는 단순해야 한다.
> **Y** - Yes mind, 시너지를 내기 위해서는 항상 긍정적인 자세가 중요하다.
> **N** - New, 시너지를 내기 위해서는 새로운 시각으로 바라본다.
> **R** - Reading, 시너지를 내기 위해서는 독서를 해야 한다.
> **G** - Growth, 시너지를 내기 위해서는 성장에 초점을 맞추어야 한다.
> **Y** - You, 시너지를 내기 위해서는 상대방에 초점을 맞추어야 한다.

나는 책을 쓰면서 『더 시너지』 책에 푹 빠졌다. 내용을 읽으면 읽을수록 달콤한 초콜릿처럼 느껴졌고 혁신적인 마인드를 갖는 데 도움이 되었다. 이 책에서 저자는 『카네기 인간관계론』을 30번 이상 읽었다고 해서 너무나 놀라웠다. 그래서 나는 결심했다. 20번 이상 그 책을 읽어서 나에게 체화시키고 100분의 1이라도 닮기 위해 노력해야겠다고.

하하호호 봉사단

> 사랑은 그 자체로 머무를 수 없다. 그렇다면 의미가 없다.
> 사랑은 행동으로 이어져야 하고, 그 행동이 바로 봉사이다.
> – 마더 테레사

　김제시 자원봉사센터로부터 웃음치료 과정에 대한 상담이 들어왔다. 평소 김제시 웃음치료 과정에 관심을 가지고 있어서 흔쾌히 강의를 수락했다. 수강생들이 웃음치료를 받고 봉사단체를 만들어 운영하는 것까지 지도하는, 큰 의미가 있는 과정이었기에 심혈을 기울여서 강의를 준비했다. 웃음치료에 참여하는 분들께 의미 있는 시간을 드리기 위해 많은 노력이 필요했다.
　정원이 20명이었는데 예상외로 더 많은 35명이 오셨다.
　김제시 자원봉사센터 웃음치료 1주차 과정에 오신 선생님들 모습에는 행복이 가득했다. 웃음이 삶에 플러스가 되고 있다는 것을 실감할 수 있었다. 웃음을 배워서 자원봉사의 꿈을 실현하고자 사회 각층에서 오신 분들의 열정은 남달랐다.

웃음치료에 오시는 분들의 특징이 있다. 우선 마음의 문이 열려있고 긍정적이다. 삶에 변화를 주고 싶어 하는 사람, 자기 자신을 사랑하는 분들이 많다. 이렇게 남다른 생각과 마음자세를 갖고 있는 분들은 적응을 빨리 하셨고 교육의 효과도 최고였다.

11년 전 처음으로 익산 은송·백향 요양원에 봉사를 갔다. 세 명의 선생님들과 함께 요양원의 어르신들께 웃음치료와 마술을 보여드리러 갔는데 처음에는 어르신들의 손조차 잡을 수가 없었다. 정말 쉬운 일이었는데도 손을 잡고 다가가는 것이 쑥스럽고 겸연쩍었다. 그동안 봉사다운 봉사를 해보지 못한 나로서는 큰 도전이었다. 다행히 지금은 어르신들의 손을 잡으면 솜사탕처럼 부드럽고 행복하다고 느낀다. 봉사를 통해 마음의 문이 열렸기 때문이다.

김제시 웃음치료 과정을 잘 마친 뒤에는 '하하호호 봉사단'을 창단했다. 그리고 봉사단의 회장님과 팀장님들이 똘똘 뭉쳐 김제 제일사회복지관으로 자원봉사를 갔다. 그곳에서 그동안 갈고 닦은 웃음치료 실력을 어르신들께 선보이는데 온몸에 전율이 흐르고 감동스러웠다. 웃음치료, 박수기법, 치매예방 손 유희 등을 함께 하자 요양원의 어르신들의 입가에 함박웃음이 피어났다. 추억을 회상시키는 동요와 '찔레꽃' 음악에 맞추어 체조를 하니 어르신들께서 즐거워하셨고, 뜨거운 호응과 박수를 보내주셨다.

제일사회복지관 봉사를 통해 자신감을 얻은 '하하호호 봉사단'은 두 번째 봉사로 '가족사랑 요양병원'을 정했다. 자원봉사자 선생님들과 팀장님이 봉사 계획을 비롯한 모든 과정을 스스로 준비하는 모습에 지도 강사로서 뿌듯했다.

어르신들의 어깨를 주물러드리면서 활기차게 시작했다. 칭찬기법으로 칭찬을 많이 해드리고 동요 '고향의 봄'을 손 유희로 함께 했다. 이어서 '내 나이가 어때서'를 부르면서 쉬운 동작으로 몸 풀기도 했는데 역시 어르신들께서 흥겹게 잘 따라 하셨다.

마술을 배운 봉사자님이 마지막으로 마술을 보여드리자 어르신들은 행복한 모습으로 언제 또 오냐고 아쉬워하시며 두 손을 꼭 잡아주셨다. 봉사를 끝내고 돌아서는 자원봉사자들의 입가에는 미소가 환하게 퍼졌다. 이보다 큰 행복이 어디 있을까? 어르신들께서 자원봉사자들에게 힘찬 에너지를 받고 더욱 행복하고 건강하게 노후를 보내시기를 기도했다.

봉사에 깊은 관심을 갖고 있는 선생님들로부터 요청이 오면 나는 모든 걸 제쳐놓고 김제로 달려갔다. 모여서 연습을 하며 봉사활동에 참여하는 '하하호호 봉사단'의 모습이 얼마나 고귀한지 모른다. 용기와 자신감을 듬뿍 안겨드리고 돌아오는 길은 마냥 즐거웠다. 멋진 동행에 큰 박수를 보낸다. 나 역시도 웃음을 만나 의미 있는 10주 과정을 끊임없는 열정으로 함께했다. 강의를 해주신 교수님과 함께 멋진 강의로 도움을 주신 한정임 명강사께 감사를 드린다.

얼마 전 김제시 우수 자원봉사자 행복 아카데미에 특강 요청이 와서 강의를 하러 갔는데 '하하호호 봉사단' 선생님들이 앉아 계셔서 감사하고 너무나 반가웠다. 회장님, 총무님, 회원들께서 봉사단을 잘 이끌어주셔서 감사했다.

김제시 웃음치료 '하하호호 봉사단' 한 분 한 분은 훌륭한 달란트가 있는, 보석처럼 빛나는 따뜻한 분들이시다. 김제시 웃음치료과정 자원봉사를 이끌면서 '봉사단'에게 끊임없는 관심과 사랑을 주신 정창섭 센터장께도 감사드린다. 그리고 이춘희 사무국장, 장의희 교육코디네이터의 도움도 잊을 수가 없다. 다시 한번 감사드리고 '하하호호 봉사단'이 이 사회에 멋진 웃음보따리로 어르신들에게 더욱 큰 행복을 안겨드리길 기원한다. 앞으로도 뜨거운 열정으로 꺼지지 않는 촛불처럼 지역사회에 마중물이 되기를, 끊임없이 솟아나는 샘물처럼 웃음꽃을 활짝 피워나가길 기원한다.

웃음으로 소통하는 CEO 역량강화

> 청춘이란 인생의 어느 일정 기간을
> 말하는 것이 아니고 마음의 상태다.
> – 사무엘 울만

    지인의 소개로 경북 문경 STX리조트에 강의를 가게 되었다. 오랜만에 남편이 휴가를 내서 동행을 해줘서 함께 여행하는 기분으로 출발했다. 산세가 아름다운 문경을 지나 석탄 박물관, 드라마 세트장을 구경한 후 강의장에 도착했다. 강의를 의뢰하신 제네시스퓨어의 관계자께서 환한 얼굴로 반갑게 맞아주셨다. 강의장에 들어서자 전국에서 오신 CEO들이 함께했다. 박수만 쳐봐도 뜨거운 열기를 느낄 수 있었다.

    '웃음과 소통 리더십'이라는 주제로 강의를 시작했다. 제네시스퓨어 CEO들의 호응은 국보급 수준이었다. 강사는 반응이 좋으면 모든 에너지를 발산한다. 그중에서도 강의장 맨 뒤의 멋진 남성분이 눈에 띄게 호응을 잘 해주셨다. 이럴 때 강사들은 제일 행복한 시간이다. 덕분에 더욱 신바람 나게 강의를 이어갔다. 청중과 강사와의 관계 조율이 잘 이루어지는 시간이었다. 그런데 나중에 그분이 회사의 대표님이라는 사실을 알고 신선한 충격을 받았다. 대표가 직원들과 함께 웃음과 소통 강의를 끝까지 경청하는 모습은 큰 감동이었다. 또한 셀프리더십도 함께 했다. 자기 자신을 함양하고 비전을 달성할 수 있도록 책임감 소통 및 팀웍 향상을 도와주는 셀프리더십은 중요하다.

리더십은 인격과 헌신이라는 토대 위에서 빛을 발하고 광채가 난다. 정신적, 심리적 상처를 어루만져주며 진정성 있게 다가가는 리더야말로 이 시대가 요구하는 진정한 리더가 아닐까? 이러한 리더와 함께 일할 때 회사도 직원도 함께 성장하게 된다. 리더가 소통하고 공감 상생하려는 마음으로 직원들에게 다가서면 이것보다 훌륭한 리더십이 어디 있을까?

제네시스퓨어 대표님이 섬김의 리더십으로 함께하며 공감대를 형성해주신 덕분에 200여 명의 CEO들 역시 시너지를 내는 최고의 시간이었다. 이번 강의는 나에게 잊을 수 없는 행복한 시간이었다. 제네시스퓨어 리더들의 큰 역량에 응원의 박수를 보내드리며 승승장구하시길 기원한다.

강의를 다녀오면 블로그에 강의했던 내용을 사진과 함께 상세히

올린다. 그러면 내가 올린 블로그 글을 보고 강의 요청이 많이 온다. 경남 고성군 지역 대표들의 1박 2일의 발전워크숍 강의도 그렇게 연락이 왔다. 전북에 오신 고성군 대표님들께 '최고의 힐링'이라는 선물을 드리기 위해 강의 준비에 무척이나 신경을 썼다. 강의 시간은 3시간이었다.

  첫 시간은 '웃음과 건강, 힐링'으로, 두 번째 시간은 '소통과 리더십'으로 강의를 했다. 셋째 시간 강의를 할 때는 화려한 의상으로 갈아입고 깜짝 레크리에이션과 율동 그리고 소통의 한마당 마술쇼를 해드렸다. 고성에서 오신 여성 리더들은 마음의 문이 활짝 열려 있어서 레크리에이션을 즐겁게 따라했다. 무대로 나와서 율동을 따라 하고 숨겨진 끼를 발산하는 시간도 함께 했다. 그동안 어떻게 끼를 감추고 살아왔는지 의문이 들 정도로 다들 노래와 율동을 즐겁게 따라해 주었다. '일소일소 일노일노' 체조로 몸을 풀고, '짠짜라' 율동에 맞춰 흥겨움을 만끽했다. 난센스 퀴즈시간에는 정답이 아닌 오답을 얘기하신 분들께도 선물을 드렸다. 틀린 답을 말씀하신 리더들께 자신감을 드리고 싶었기 때문이다. 정답보다 중요한 것은 함께 참여하는 데 있다. "대한민국 강사 중에 정답이 아니어도 선물을 주는 사람이 저 말고 또 있을까요?"라고 말하니 사람들이 박장대소를 했다. 마지막에는 하이라이트로 마술쇼를 보여드렸더니 지켜보는 분들의 입가에 웃음꽃이 가득했다. 특히 파이어Fire 매직에서는 불속에서 사탕과 선물이 쏟아져 나오자 뜨거운 환호성과 박수가 터져 나왔다. 고성군 지역 리더들의 긍정적인 모습에 많은 것을 공감하는 시간이었다.

강의를 하다 보면 이날처럼 온몸이 땀으로 젖는 경우도 많은데, 그래도 리더들과 소통을 할 수 있어서 행복하다. 나는 웃음을 전달하는 시간은 열정적으로 혼신의 힘을 다해 강의를 한다. 강의하는 동안 고성군 리더들은 역량강화와 소통에 열정을 보였다. 최선을 다하는 모습에 엄지를 치켜 올려주었다. 고성군 리더들이 지역사회에 멋진 주인이 되길 바란다. 살아가는 동안 웃음이 넘치고, 소중한 인연으로 건강하고 살아가는 동안 기쁨이 가득하길 바란다. 나는 뜨거운 박수를 받으면서 강의를 마무리했다. 돌아오는 길은 감사함으로 가득한 시간이었다.

문경STX 리조트 CEO역량강화

웃음으로 소통한 CS강의

> 고객이 우리가 기대하는 수준의 대접을 받으려면,
> 먼저 직원이 회사에서 그와 동등한 대접을 받아야 한다.
> – 월트 디즈니 교육 지침서

"CS 강의는 딱딱하고 졸린데 강사님의 CS 강의는 전혀 졸리지 않고 즐거웠어요."

전북도청 직원 남원연수원에서 CS 강의를 마치고 나오는데 강의를 들으신 선생님이 칭찬을 해주셨다. 달콤한 솜사탕을 먹은 것처럼 행복감이 밀려왔다. 감사인사를 드리고 문서현 강사와 함께 내려오는데 마음에 큰 울림이 있었다. 사실 점심 식사 후에 들어간 강의라서 수강생들이 졸면 어쩌나 걱정했는데 감사하게도 초롱초롱한 눈빛으로 강의를 경청해줘서 소통이 잘 되었다. 핵심은 '고객만족'이

조달청 강의

농협대의원 강의

므로 강의를 듣는 분들에게 만족도를 높여주는 것 또한 CS 강사의 중요한 역할이다. 공무원들이 행복해야 공무원들로부터 서비스를 받는 도민들이 행복하다. 그래서 남원연수원에서 전북도청 공무원들을 위해 강의를 할 때 CS와 웃음치료를 융합해서 즐거운 분위기 가운데 강의를 진행했다.

"우리는 모나리자와 같은 미소를 갖기 위해 끊임없이 미소 짓는 연습이 필요합니다. 옆 사람을 보면서 화사한 표정으로 입꼬리를 올려보세요. 함께 따라 해 볼까요? 하, 히, 후, 헤, 호, 아 에 이 오 우, 개나리, 소쿠리, 와이키키, 개구리 뒷다리~~' 미소는 지친 사람들에게 휴식이 됩니다. 항상 아름다운 미소를 지으면 누구보다도 자기 자신이 행복해져요."

전북도청 공무원들께서 경청을 정말 잘 해주셔서 강사로서 기쁨, 감동, 환희를 느꼈다. 교육의 힘이 얼마나 위대한지 다시금 생각할 수 있는 시간이었다.

1996년 캐나다 캐드릭 팬위크의 발표를 보면 직장생활에서 웃음은 스트레스를 감소시킬 뿐 아니라 권태와 무력을 예방한다. 또한 15% 사기진작 효과를 가지고 직무능력을 40% 향상시킨다는 연구결과가 있다. 그렇기 때문에 직장에서 웃음으로, 긍정의 마음으로 소통하면서 아침을 열 필요가 있다.

CS와 셀프리더십을 융합하면 의사소통이 원활해지고 차별화된 경쟁력을 가질 수 있으며, 변화의 요소와 비전을 스스로 찾을 수 있다. 또한 자신의 가치를 창출하여 행복한 직장, 신나는 일터, 신바람 나

호서대학교 CS 전문가 과정

는 행복한 하루하루를 만들 수 있다. 셀프리더십을 발휘해 자아실현은 물론 성취감을 느끼고 일의 능률이 향상되어 즐겁게 직장 생활을 할 수 있다.

행동하는 자는 진정한 리더로 발전될 수 있다. 링컨 대통령은 사람이 40세가 되면 본인의 얼굴에 책임을 져야 한다고 했다. 연령에 관계없이 직장생활에서 아름다운 미소로 꽃을 피우면 그보다 더 멋진 고객만족이 있을까? 노력해야만 변화할 수 있다. 파트너십으로 원원하고 상생하는 신나는 직장문화가 만들어지길 기원한다.

고객을 하루 종일 맞이하는 곳에서는 내부 고객인 직장상사, 동료, 부하직원, 타 부서 직원들 간에 소통이 원만해야 외부 고객도 만족시킬 수 있다. 그만큼 직장 내에서의 환경이 중요하다. 외부 고객을 위한 기본 서비스 역시도 3S가 중요하다.

> S – Smile 항상 웃는 얼굴로 대한다.
> S – Service 고객의 입장에서 충분히 생각한다.
> S – Speed 고객을 많이 기다리지 않게 한다.

고객 만족을 위해서는 역지사지_{易地思之}의 서비스정신이 있어야 한다. 내 입장보다 상대방의 입장에서 무엇을 원하는지 마음을 헤아려야 한다. 친절한 말씨와 표정, 적극적인 마음과 자세, 친절한 매너와 스피치, 정통한 업무지식, 항상 웃는 얼굴로 고객을 대하면 고객 감동은 물론 가장 필요한 관계의 힘을 지향할 수 있다. 앨버트 메라비언 법칙에 의하면 상대방으로부터 영향을 받는 이미지는 시각 55%, 청각 38%, 언어가 7%이다. 표정과 제스처 같은 시각적 요소와 목소리 톤과 같은 청각적 요소를 우리는 흔히 '매너'라고 부르는데 결론적으로 상대방에게 영향을 미치는 요소는 말은 7%에 지나지 않으며 매너가 93%를 차지한다는 말이다.

아름다운 미소는 자신감 향상과 자아발전을 이루도록 도와준다. 팀의 단합과 고객만족으로 모두에게 아름다운 세상이 열리게 된다. 웃음으로 직장생활이 더욱 활기차고 건강하게 이어지길 바란다. 또한 건전한 마인드로 서비스 정신을 발휘할 때 스킬, 마인드 및 마케팅이 향상되어서 우리의 직장 문화는 아름답게 꽃이 필 것이다.

전북도청직원 남원연수원 CS강의

웃음과 자신감 & 인성교육

> 몸에 생긴 흉터는 옷으로 가릴 수 있고, 얼굴에 생긴 흉터는 화장으로
> 가릴 수 있듯이 관심과 사랑은 모든 허물을 가려준다.
> – 잠언

베토벤의 성공의 동반자는 어머니였다. 천둥 치는 어느 날 베토벤은 마당에서 비를 맞고 있었다. 나뭇잎을 스치는 비와 바람소리에 흠뻑 빠져 있었던 것이다. 어머니는 그런 아들에게 집으로 들어오라고 소리치지 않았다. 대신 아들이 있는 곳으로 걸어가서 꼭 껴안고 함께 비를 맞으면서 아름다운 자연의 소리를 들었다. 어머니가 함께 듣자 베토벤은 더 신이 났다.

"엄마 새소리 들려요. 저 새는 어떤 새죠? 왜 울고 있을까요?"

어머니는 폭우가 쏟아지는 속에서도 아들의 질문에 다정하게 답해주었다. 위대한 베토벤 교향곡은 그때부터 밑알처럼 새싹이 돋아났는지도 모른다. 베토벤은 후에 귀가 안 들렸지만 뛰어난 감수성과 상상력으로 영원불멸의 음악을 만들어 냈다. 베토벤은 지혜롭고 다정한 어머니가 있어서 행복했을 것이다. 아이의 감수성과 상상력을 키워줄 수 있는 어머니가 없었다면 베토벤이 위대한 곡들을 쓸 수 있었을까 생각해본다. 베토벤의 어머니를 통해서 아이들을 어떻게 대해야 하는지 지혜를 배울 수 있다.

　5년 전 중학교 아이들에게 10주간 웃음치료 수업을 2시간씩 진행한 적이 있다. 조금은 부담스럽고 걱정도 되었지만 아이들에게 긍정적인 변화를 주고 싶다는 열망이 가득했다. 닫혀 있는 아이들의 마음 문을 여는 것이 힘이 들었다. 수업을 마치고 나오는데 담당 선생님께서 미안해하셨다. "선생님 수고하셨어요."라고 말씀하시는데 그동안 열린 교육을 통해 위클래스 아이들을 지도해 오신 선생님들의 마음을 이해할 수 있었다. 아이들에게 즐겁고 의미 있는 시간을 만들어 주기 위해서는 많은 고민이 필요했다. 그래서 둘째 시간은 마술 수업을 했다. 마술을 보여주자 한 아이가 말했다.
　"선생님 마술은 가짜예요. 속임수예요."
　"아~ 그렇게 생각했구나! 오늘부터는 마술이 예술이고 힐링이란다."
　아이의 말을 부정하지 않고 대신 좀 더 긍정적인 마음으로 아이들을 이해하려고 노력했다. 이어서 다른 마술을 보여주자 아이들이 박수를 쳤다.
　"저도 알려주세요."

관심을 갖기 시작했다. 쉬는 시간에는 초콜릿과 과자 등 간식을 가지고 가서 아이들과 함께 먹고 눈을 마주치면서 대화를 했다. 인정해주면서 따뜻하게 대해주니 여자아이들은 궁금한 것들을 질문하기 시작했다. 마음의 거리가 가까워지는 신호였다.

한번은 수업을 하는데 아이들이 공놀이를 하자고 한참을 졸랐다. 나는 화를 내지 않고 좀 더 관심을 가지고 대화를 했다. 일주일 동안 어떻게 지냈는지 질문을 했더니 아이들이 자기들의 이야기를 했다. 마음의 문이 열리자 그다음 수업부터는 나를 마중 나와서 기다리기 시작했다. 선생님을 기다리는 아이들을 봤을 때 그 뿌듯함과 행복함은 이루 말할 수 없었다. 눈높이에 맞춰 대화하면서 아이들이 스스로를 사랑하고 소중한 존재로 여길 수 있도록 해주고 싶었다. 웃음은 모든 걸 변화시킬 수 있는 신비한 보약이다. 나도 변했으니 우리 아이들도 변화할 수 있다는 자신감이 생겼기에 더욱 열심히 했다.

꿈이 뭐냐고 질문을 했을 때 일제히 "몰라요. 없어요."라고 대답했다. 뿅망치로 머리를 맞은 것 같았다. 가정환경 때문에 아이들이 꿈조차 없다는 현실에 마음이 아팠다. 그래서 아이들에게 '칭찬해주기, 최대한 공감해주기, 충고하지 않기, 있는 그대로 인정해주기' 이 네 가지를 더 자주 해줘야겠다고 다짐했다. 나는 아이들과 함께 하는 동안 이 세상에서 최고의 아름다운 단어인 '긍정'을 확실하게 심어주었다. 이 세상에서 최고의 맛있는 반찬이 '칭찬'이기에 많은 칭찬을 해주고 아이들의 이름을 불러주었으며, 아이들과 눈 맞춤으로

웃음으로 소통하는 인성교육 마술쇼

따뜻하게 이야기를 나누었다. 정말 칭찬이 귀로 먹는 보약이 되었다.

10주 과정을 마치고 작은 선물을 준비했다. 그리고 아이스크림 케이크를 준비해 파티를 하면서 아이들의 꿈을 들어볼 수 있는 시간을 갖게 되었다. 한 아이가 나처럼 웃음치료 강사가 되고 싶다고 장래 희망을 말했을 때 큰 보람을 느꼈다. 어른들의 관심과 배려 속에서 큰 거목으로 뿌리내려 대한민국의 꿈나무로 성장할 것이다. 아이들과 함께했던 시간을 생각하면 행복하다. 지금은 고등학교 2, 3학년이 된 아이들의 얼굴이 하나하나 떠오른다.

지금도 그때 만났던 유진이와는 카톡 친구가 되어 메시지를 주고받고 있는데, "선생님 잘 지내시죠?" 하고 가끔 문자가 온다. 고등학교에 가서 장래희망을 웃음치료사라고 썼다고 했다. 지금은 제과

제빵을 배우고 싶다는 큰 꿈이 생겼다. 유진이를 오랜만에 만나 대학로에서 갈비를 먹고 부모님한테도 하지 못한 이야기를 나누면서 즐거운 시간을 가졌다.

 어른들은 아이들에게 유연성 있게 다가가야 한다. 아이들의 얼굴을 보면 지금 무슨 생각을 하는지 어떤 감정인지 조금은 알 수 있다. 감정을 잘 컨트롤하면 심지어 인생까지도 바꿀 수 있다. 오늘 하루의 생각과 감정이 인생을 창조하듯 짧은 시간이라도 끊임없는 관심과 사랑으로 인정해주면 아이들이 변화하는 모습을 볼 수 있다.
 아프리카 속담에 "아이 하나를 키우기 위해서는 마을 전체가 필요하다." 는 말이 있다. 가정, 학교, 사회가 아이들에게 더 많은 관심과 따뜻한 배려를 해준다면 균형 잡힌 아이들로 성장할 수 있을 것이다.
 다 함께 노력해야 한다. 아이들의 행복은 배움을 통해서 얻을 수 있다. 집에서 행복하면 인생의 반 이상이 행복하다고 한다. 어머니는 얼을 주고 아버지는 빛을 준다고 한다. 장 파울은 "부모의 자존감이 아이의 미래다."라고 말했다. 아이들이 가정과 학교, 공동체에서 아름답고 멋진 추억을 갖고 성장해주길 바란다. 물론 이 사회가 아이들이 즐겁게 기량을 발휘할 수 있도록 깊은 관심을 갖고 배려해야 한다. 아이들이 서로 격려하고 칭찬하는 문화 속에서 더욱 멋지게 성장하기를 꿈꾼다.

마술은 예술이고 힐링이다

> 삶이 줄 수 있는 가장 아름다운 보상은,
> 다른 이를 성심껏 도울 때
> 자기 자신의 삶 또한 나아지게 된다는 것이다.
> – 랄프 왈도 에머슨

마술로 봉사를 시작한 지 어느덧 10년이 되었다. 장지현 교수께서 원광대학교에 오셔서 마술 수업을 하실 때 참여를 했는데 너무 흥미롭고 신기하게 느껴졌다. 그래서 개인교습으로 마술을 배우기 시작했다.

처음 다섯 명이 시작했을 때 '잘할 수 있을까?' 의구심이 제일 컸던 사람이 바로 나였다. 배울 때는 신기하고 재미있었지만 내 것으로 소화하는 것도 어렵고 재료비도 만만치가 않았다. 끊임없이 연습을 하고 도전하면서 마술을 손에 익혔다.

초창기에 마술을 연습할 때가 생각이 난다. 현관에서 음악을 틀어놓고 새벽녘까지 연습을 한 적이 많았다. 한 번 시작하면 될 때까지 했기 때문에, "밤잠을 안 자고 도대체 뭐 하는 거야."라는 남편의 핀잔도 많이 들었다. 그래도 연습하는 것이 재미있고 즐거웠다. 다시 생각해봐도 대단한 열정이었다.

나는 무대마술을 좋아한다. 노래를 하면서 율동 테라피로 마술을 할 때 형용할 수 없을 만큼 행복하다. 몸치인데도 불구하고 신기하게 음악과 함께 자연스럽게 몸이 움직여진다. 마술은 내 운명인 것 같다. 처음에 마술을 배운 목적은 자원봉사를 갔을 때 활용하기 위함이었다. 지금도 요양병원, 복지관, 사회시설에 가서 마술 봉사를 꾸준히 하고 있다.

마술 하나를 보여주기 위해서는 끊임없이 연습하고 노력을 한다. 그런데 가끔 속임수라고 말하는 사람들을 만나면 "마술은 예술이고 힐링입니다."라고 말한다. 마술을 통해 얼마든지 소통할 수 있고, 사람들에게 행복함을 줄 수 있기 때문이다.

마술은 예술이고 힐링이다.

마술은 연령층에 관계없이 누구와도 어울려 즐길 수 있어서 어디서나 인기가 최고다. 마술을 하러 유치원에 간 적이 있다.

"무슨 색을 좋아하세요? 노란색? 빨간색? 파란색?"

오감 만족 색채 테라피로 대화를 하면서 마술을 보여주니 아이들의 얼굴엔 호기심과 행복이 가득했다. 자신감이 없고 소극적인 아이들에게 마술을 2~3가지만 알려줘도 자신감이 향상된다. 그리고 아이들이 엄마 아빠와 함께 마술을 배우면 효과는 배가 된다.

웃음치료 제자 중에 아들이 매사에 소극적이어서 고민하는 분이 있었다. 그래서 아이들과 함께 마술을 배워보라고 조언을 드렸다. 기회가 되면 아들과 웃음치료에 같이 참여해보라고도 말씀드렸더니 바로 행동에 옮기셨다. 놀랍게도 마술과 웃음치료 덕분에 지금은 아들이 자신감을 많이 찾았고 적극적인 모습으로 변화되었다. 그리고 아빠와 함께 봉사를 하기도 한다. 이보다 더 멋진 아빠가 또 있을까?

2016년 9월 JBS 서울 공감방송 이현 교수의 토크쇼에 출연을 했다. 사랑을 실천하는 헌혈 릴레이 한마음 축제도 있어서 국제웃음치료 석좌교수, 교수, 강사들도 함께 헌혈에 동참했다. 이어서 가수 유리상자 이세준 님이 감미로운 노래를 들려줬고, 교수님의 멋진 진행으로 토크쇼가 이어졌다.

나는 국제웃음치료협회에서 처음으로 마술 공연을 했다. 노사연의 '바램'을 부르면서 공연을 하는데 뿌듯함과 감사함이 밀려왔다.

무대에서 노래를 부르면 정말 행복하다. 많은 사람들이 즐거움을 만끽하는 시간이 되었다고 응원을 보내주셨다. 그 후 이현 교수께서 JBS 공감방송에 다시 한번 나오라고 해주셨는데 기회가 되면 꼭 다시 그 무대에 서고 싶은 마음이 간절하다.

지난 4월에는 대만의 '국제로타리 3510지구 병동봉황로타리 클럽'에서 자매결연을 맺은 '3670지구 익산 서동로타리 클럽'을 방문하였다. 로타리 회원님이 익산 백세요양원의 원장으로 계셔서 봉황 로타리 회원들과 함께 그곳에서 봉사의 시간을 함께했다.

어르신들과 함께 노래하고 손 유희로 몸 풀기를 했다. 병동봉황 로터리 회원들은 노래 '첨밀밀'을 불러 어르신들께 멋진 화음을 선물했다. 어르신들은 외국에서 온 로타리 회원들을 처음에는 낯설어하셨지만, 어르신들이 보고 싶어서 달려왔다고 하니 이내 웃음꽃을 활짝 피우셨다.

'내 나이가 어때서'를 어르신들과 함께 봉황로타리와 서동로타리 회원님들이 부를 때는 말 그대로 소통의 한마당이 되었다.

백세 요양원에서는 이전에도 마술을 몇 번 보여드려서 새로운 것으로 준비했다. 꽃이 아름답게 피면서 그 꽃 속에서 칠면조와 초콜릿이 나오자 환호의 박수와 함성이 울려 퍼졌다. 화장지를 뽑아서 입에 넣은 뒤, 입에서 오색 화장지가 나오는 마술을 보여드릴 때 어르신들이 너무나 즐거워하셨다.

대만에서 오신 로타리클럽 회원들은 이번 방문에 크게 만족해했다.

함께해주신 린다 회장님께서 나를 보면서 엄지를 세우고 "굿, 굿." 하셨다. 많은 사람들에게 즐거움을 주면서 나도 힐링을 할 수 있어 감사했다.

백세요양원으로부터 마술 강의를 제안받았다. 요양원은 나에게 각별한 인연이 있는 곳이다. 사회복지를 공부하면서 이곳에서 많은 시간 실습을 했기 때문에 요양원의 어르신들과 직원들이 가족처럼 느껴진다. 이사장, 원장, 사무장, 사회복지사, 요양보호사들은 가장 좋은 환경과 최고의 프로그램으로 어르신들을 사랑하고 봉사하며 섬기는 분들이시다.

어르신들께 봉사할 때 자신감과 자존감이 커진다. 이러한 귀한 경험은 내가 더 큰 무대로 나가서 마술을 선보일 수 있는 발판이 된다. 어르신들이 행복할 수 있도록 더욱 열심히 마술을 연마하겠다고 다짐을 해본다.

해삼마루를 만나다

> 많은 일을 시도한 사람은 많은 실수를 저지른다.
> – 벤자민 프랭클린

　대한민국 신지식인 해삼마루 강태주 회장은 26년간 익산에서 해삼을 연구해오고 계시는 해삼 명장이시다. 현재 해삼을 원료로 50여 가지 식품과 제품을 연구하여 출시하고 있다. 오랜 연구 끝에 산·학·연 MOU 체결 등 끊임없는 연구로 해양수산부장관, 농림수산부 장관상을 받으셨다. 해삼으로 만든 식품은 국가식품 박람회에 참가하여 기술인증 및 특허인증으로 최고의 제품임을 인정받았다. 신뢰할 수 있는 제품으로 오로지 외길을 걸어오신 회장님은 지역 사회에 큰 영향을 주고 있다.

나는 이사님으로부터 전화를 받고 강의 면접을 받으러 갔다. 많은 사람들 중에 나에게 기회가 온 것이다. 해삼마루의 제품은 배합에서 차별화된 원료구성으로 중국시장에서 인기를 끌고 있었다. 나는 제품설명을 곁들인 건강강의를 요청받고 많은 생각 끝에 강의를 하기로 결정했다. 제품 설명을 위해서는 해삼에 대한 지식이 필요하므로 많은 공부를 하게 되었다. 회장님과 이사님들께서 많은 도움을 주셔서 새로운 도전이었지만 힘들지 않았다.

해삼은 중국에서 치료제로 쓰고 있기에 많은 물량이 중국으로 수출된다. 작년부터 국내시장의 수효가 늘면서 전국으로 강의를 다니게 되었다. 정말 신나고 행복한 시간들이다. 땅에는 인삼, 바다에는 해삼, 하늘에는 비삼이라고 했다. 참고로 비삼은 까마귀라고 한다.
『태교 신기』를 보면 총명한 아이를 낳으려면 해삼을 먹어야 한다고 했다. 해삼에는 칼슘이 쇠고기의 79배, 철분이 전복의 22배 들어 있다. 특히 해삼은 일반 해삼보다 건해삼이 27배 효과가 높다.
신라대학교 배송자 교수는 해삼이 암세포를 90% 이상 저지한다고 발표를 했다. 노벨생리의학상을 받은 미국 컬럼비아대학의 에릭 캔들 교수도 해삼에서 기억을 관장하는 단백질인 '크렙^{creb}'을 찾아내었다고 한다. 크렙은 뇌세포의 핵 속에 있는 분자로서 기억세포들을 연결해주는 단백질 형성을 도와 치매예방에도 도움이 된다고 한다. 또한 해삼은 장 청소와 숙변을 제거하는 데도 탁월한 효과가 있다. 잘 먹는 것도 중요하지만 배설하는 것은 더 중요하다.
또한 치아를 보면 건강한 체질이 보인다고 한다. 잘 씹어 먹으면

충치와 잇몸 질환을 개선하는 데 큰 도움이 된다. 특히 침샘에서 분비되는 아밀라아제가 소화기능을 원활하게 한다. 잠자기 전에 물을 한 컵 마시는 습관은 잠자는 동안 혈액과 체액이 약해지는 것을 완화할 수 있다. 항상 따뜻한 체온유지에 신경을 쓰고 열심히 건강관리를 잘해야 한다.

해삼마루 건강식품회사에서 건강과 힐링을 주제로 전국을 다니면서 많은 강의를 하게 되고, 그로 인해 더욱 소중하고 건강한 나날을 보낼 수 있게 되어 감사하다. 항상 칭찬과 응원을 해주시는 강태주 회장님과 이사님들께 깊은 감사를 드린다. 나는 앞으로 더욱 열심히 맡은 일을 해나갈 것이다. 해삼마루의 무궁한 발전을 기원한다.

꿈꾸던 군부대 강의

> 유머는 머리에서 나오는 것이 아니라 마음에서부터 나온다.
> – 르네 뒤보

나는 오래전부터 군부대에서 강의하는 것이 소원이었다. 나라를 위해 일하는 군인들에게도 웃음치료를 통해 열정과 행복을 드리고 싶은 간절함이 있었기 때문이다. 그러던 중 지역의 가까운 군부대로부터 강의 요청이 들어왔다. '드디어 기회가 왔다'는 생각에 설레고 기뻤다. 요청을 받은 날부터 나는 열심히 500여 명의 부사관들을 위해 '웃음으로 소통하는 리더십' 강의를 준비했다.

강의장에 도착했을 때 열정과 패기로 똘똘 뭉친 함성 소리에 대한민국 최고의 위상을 확인할 수 있었다. 대한민국 최고의 리더 부사관들을 위해 웃음치료를 하게 된 것을 가문의 영광으로 생각하며 열정적으로 파워풀하게 강의를 시작했다.

'이 세상에서 제일 지혜로운 사람은 어떤 경우에도 배움의 자세를 갖는 사람이다'라는 내용이 탈무드에 나온다. 군부대야말로 지혜로운 사람들이 가득하다. 경청하면서 배움에 대한 열정을 불태우는 부사관들의 모습에 강사로서 감사함이 밀려왔다. 잊지 못할 시간이었고, 지금도 생각하면 가슴이 설렌다.

제일 강한 사람은 자기 자신과의 싸움에서 이기는 사람이고, 세상에서 제일 행복한 사람은 지금 이 모습 그대로 감사하면서 사는 사람이라고 했다. 강의를 듣는 부사관들은 지혜로울 뿐만 아니라 강하면서도 행복한 사람들이었다.

군부대 강의

연말이라 즐거운 시간을 위해 무대 위로 A조, B조 각각 10명씩을 선착순으로 올라오게 하고 이어서 이렇게 설명을 했다.

"크게~ 길게~ 배와 온몸으로 15초 이상 박장대소를 해보세요. 가장 오래 박장대소를 하시는 분께는 선물을 드리겠습니다."

시작과 동시에 20여 명이 박장대소를 시작했다. 끝까지 살아남기 위해 웃음의 투혼을 발휘했고, 2명이 마지막까지 남아 대결을 했다. 한 명에게 줄 소정의 상금도 준비했다. 박장대소의 힘이 얼마나 큰지 그 모습을 바라보는 군인들도 같이 웃을 수밖에 없었다. 함께 웃으니 대한민국 군인들의 패기가 하늘을 찌를 듯했고 자신감도 넘쳤다. 열심히 활동에 참여해 준 장병들을 위해 감사의 뜻으로 선물을 준비했다. 때마침 연말이라서 사랑하는 사람과 부모님께 마음의 편지를 써보라고 우체국 연하장 카드를 준비해서 드렸더니 인기 만점이었다. 준비해 간 초콜릿도 인기 짱이었다. 이어서 레크리에이션과 힐링 마술쇼를 하고 함께 노래를 부르며 마무리하고 내려오는데, 강의를 통해 내 인생의 최고의 기쁨을 맛본 듯했다.

강의를 통해 분명히 깨달은 것이 있다. 상대의 손을 잡는다고 소통이 시작되는 것이 아니라, 내민 손을 상대가 잡았을 때 비로소 소통이 된다는 것이다. 강의하는 동안 군인들이 환호와 박수를 보내 줄 때 '이게 바로 소통이구나!' 하는 생각이 들었다. 이날은 멋진 추억으로 영원히 잊히지 않을 것이다. 웃음으로 힐링한 소중하고 값진 시간이었다. 그 후로 소통리더십 앵콜 강의를 하고 있다.

칭기스칸 어록에 "성을 쌓는 자는 망한다."라고 했다. 유목민이 그 자리에 안주하는 것을 경계하는 말이다. 안이함과 타성에 젖는 것은 오늘의 우리에게 반드시 경계할 일이다. 꿈도 자라나 진화해야 하듯 부사관들의 열정 또한 점점 커지고 긍정된 삶이 되기를 소망한다.

위대한 지도자는 길을 찾는 자가 아니라 길을 만드는 자다. 군대 조직에서 협력과 일체감이 중요함을 보여준 대한민국 부사관님. 소통하는 리더로서 부하의 마음을 얻고 조직사회와 공감하고 함께 길을 만들어가는 리더가 된다면 어떤 상황도 두렵지 않을 것이다. 사람과 사람 사이의 신뢰로 진정한 리더십이 가슴으로 뜨겁게 타오르길 응원 드린다. 국민들의 안전과 행복을 위해 애쓰는 국군 장병들께 깊은 감사 드리며 우리가 바라고 소망하는 통일이 하루 빨리 이루어지길 간절히 염원한다.

예술회관 MC 꿈을 이루다

> 감사의 분량이 행복의 분량이다.
> – 타고르

웃음을 만나서 간절히 원하던 것들이 하나씩 이루어졌다. 큰 무대에서 MC를 보는 것은 내가 늘 바라는 꿈이었다. 대한적십자 익산 평생대학 '제14회 금빛잔치'에서 2부 사회를 맡게 되었다. 나에게는 큰 영광이고 기쁨이었다. 각종 행사와 워크숍 등에서 사회를 많이 보았지만, 2시간 동안 솜리예술회관에서의 사회는 처음이었다. 다행히 시민대학에서 2년 동안 강의를 했던 무대인지라 낯설지 않아서 차분하게 사회를 볼 수 있었다.

익산 적십자대학 금빛잔치 MC진행

'금빛잔치'는 명성이 나 있었기 때문에 행사 당일 솜리예술회관은 빈자리가 없이 사람들로 가득 찼다. 1부에서는 난타 공연 후 내빈 소개와 함께 곽인숙 평생대학장님의 개회사가 있었다. 이어서 시장님, 의장님, 국회의원님, 도지사님께서도 축하인사를 보내며 성대하게 금빛잔치의 포문을 열었다. 우수 학생들에 대한 특별 시상도 있어서 분위기가 한층 더 달아올랐다. 익산시 평생대학의 교훈인 '늘 새롭게, 늘 힘차게, 늘 건강하게'를 힘 있게 외쳤다.

2부는 학생들의 발표와 행운권 추첨으로 시작되었다. 첫 번째 무대에는 50여 명의 선녀들이 내려왔다. 힐링 체조 라인댄스도 너무 멋졌다. 어르신들께 학장님께서 아름다운 의상을 선물해주셔서 무대가 한층 더 빛났다. 옷이 날개라고 하지 않나. 학생들이 입은 빨강색의 아름다운 옷이 지금도 잊히지 않는다. 금빛잔치에서 발표를 하기 위해 많은 노력을 했을 어머님들을 향해 열화와 같은 박수가 방청석에서 터져 나왔다.

"얼굴도 샤방샤방, 몸매도 샤방샤방, 모든 것이 샤방샤방 아주 그냥 죽여줘요~"

곱디고운 한복차림의 어머님들이 노래교실에서 배운 실력을 맘껏 발휘했다. 가수 정진우 님이 노래 교실을 지도해주셨다. 멋진 하모니를 들으니 얼마나 많은 연습을 했는지 알 것 같았다. 민요반 어르신들께서 민요를 부르실 때는 객석에서 흥에 맞추어 "얼쑤! 잘한다!"라는 추임새가 흘러나왔다.

80세 연세의 어르신께서 '바램'을 부를 때는 감동의 물결이 일었다. 그 어르신의 평생 소원은 무대에 서서 노래를 부르는 것이라고 하셨다. 멀리 사는 자녀들과 가족들이 어머님의 노래를 듣고 축하하기 위해 오셨다는 말을 듣고 무대로 모셔서 인사를 하게 했다. 얼마나 행복했을까?

제14회 금빛잔치는 가족한마당으로 꽃을 피웠다. 학생들이 1년 동안 갈고 닦았던 숨은 실력은 보석처럼 빛이 났고, 나이는 숫자에 불과하다는 것을 보여주었다. 익산 평생대학 학생들인 어르신들께서 아팠던 다리와 허리도 행사 도중에는 아프지 않았다고 하신 말씀이 지금도 귓가에 맴돌고 있다.

적십자는 '사랑과 나눔'의 정신을 실천한다. 적십자 익산평생대학은 어르신들의 뜨거운 열정과 도전 정신으로 건강과 배움이 공존하는 곳이다. 틈틈이 쌓은 실력을 마음껏 발휘하시는 모습을 보면서 그러한 에너지가 삶의 즐거운 활력으로 이어지기를 기대해본다.

내가 금빛잔치 무대에서 사회자로 설 수 있었던 것은 자신감이 바탕이 되어 무대공포증을 없앨 수 있었기 때문이다. 뜻있는 축제에서 2시간 동안 진행을 할 수 있어서 기뻤다. 게다가 다음 해에도 한복을 입고 사회를 보면 더욱 예쁘겠다며 사회 부탁을 다시 해주셔서 감개무량했다. 대한적십자 익산 평생대학 관계자분들께 깊은 감사의 인사를 드린다.

얼굴과 낙하산의 공통점은 펴져야 한다는 것이다. 아름다운 한복을 입고 낙하산처럼 펼쳐서 더 멋지게 펼쳐질 공연을 기대해본다.

2017년 12월 초에는 남원에 계시는 이숙자 대표로부터 사회 요청이 들어왔다. 남원의 한 콘도에서 박원순 서울시장님께서 "지방자치의 성공을 위한 시민의 역할"이라는 강연을 하시는데 사회를 봐 달라는 것이었다. 남원 시민들이 자리를 가득 메워 주셨다. 시장님의 특강을 들으면서 사회를 보는 최고의 시간이었기에 설렘 가득했다. 진행을 하고 많은 사람들에게 칭찬을 받았다. 내가 열심히 살면 도움을 주는 사람이 반드시 생긴다는 사실을 다시 한번 깨달았다. 연말에는 다양한 곳에서 사회를 볼 수 있어 의미 있는 한 해였다.

동녘은 밝기 직전이 가장 춥고, 해가 뜨기 직전이 가장 어둡다고 했다. 물은 끓기 직전이 가장 요란하다. 모든 것은 막연하게 오는 것이 아니다. 늘 인고의 시간을 거쳐서 꿈이 이루어진다. 삶에서는 목적과 방향을 주는 하나의 선명한 꿈과 비전이 있는 것이다. 꿈을 통해서 영혼 깊은 곳의 힘을 발휘하는 더욱 멋진 MC를 꿈꾸어 본다.

박원순 서울시장님 특강 MC진행

KBS 아침마당 출연의 꿈

> 웃음은 마음의 치료제일 뿐만 아니라 몸의 미용제이다.
> 당신은 웃을 때 가장 아름답다.
> - 칼 조세프 쿠 쉘

　웃음치료를 만난 뒤부터는 웃음이 삶의 윤활유가 되었다. 웃음치료 강의를 하고 봉사도 열심히 하면서 하루하루 소풍가는 날처럼 지내왔다. 2015년 전북 KBS 아침마당에서 '원광대 스마일 스토리'에 출연요청이 들어왔다. 간절히 원했는데 기회가 온 것이다. 아침마당 출연 요청에 웃음치료 교수님들과 강사님들이 얼마나 기뻐했는지 모른다. 스마일스토리 회원들은 KBS에 가서 작가님들과 미팅을 하고 방송 전날 대본을 받고서 열심히 방송 준비를 했다.
　아침마당은 1시간 10분 동안 생방송으로 진행되었다. 대본 분량이 제일 많았던 나는 걱정이 되어 뜬눈으로 하얗게 밤을 지새우고 아침 일찍 방송국에 도착했다. 교수님, 강사님들 모두 멋지고 예쁜 모습으로 오셨다. 방송국에서 간단히 메이크업을 정리한 후에 생방송실로 들어갔다. 생수 한 병을 가지고 들어갔는데 목이 마르고 긴장이 되어서 눈 깜짝할 사이에 강사들이 다 마셔버렸다. 긴장된 마음이 점점 담담해지면서 방송은 시작되었다.

전주 KBS 아침 마당 출연

원광대 스마일 스토리 교수, 강사들은 이야기를 막힘없이 잘 해주셨다. 방송에서 누구랄 것도 없이 모두 손색없이 웃음치료 강사로서의 실력을 유감없이 발휘했다. 12명이 멋지게 하모니를 이루어 박장대소, 체조 등을 보여줬다.

이어서 내 차례가 돌아왔다. 물 만난 고기처럼 나는 신나게 춤을 추면서 매직쇼를 선보였다. 역시 프로는 무대에서 실력 발휘를 한다고 찬사를 받았다. 유장영, 김태은 아나운서의 질문에 대답을 잘 하다가 '웃음을 만나게 된 동기'를 묻는 마지막 질문에 나도 모르게 눈물이 왈칵 쏟아져 말을 이을 수가 없었다. 웃음을 만나기 전 힘들었던 지난날이 스쳐 지나가서 목이 메었던 것이다. 지금 생각하니 생방송에서 눈물을 보인 일이 더욱 창피하고 쑥스럽기도 했다.

전주 아침마당에 출연해 마술을 선보이고 있다

방송을 마치고 사진 촬영을 한 후 나와서 관계자분들로부터 칭찬을 많이 받았다. 방송 도중 순간적으로 흘린 눈물에 대해서는 감동의 눈물이었다며 많은 사람들이 방송사진은 물론 응원과 칭찬의 메시지를 보내주셨다.

"왜 그렇게 눈물을 흘렸어요?"

"원래 눈물이 많아서 갑자기 눈물이 쏟아져 어려움을 당하는 경우가 종종 있어요."

이런 대화도 반복해서 이어졌다. 늘 나의 밝게 웃는 모습만 보아왔던 사람들은 눈물 흘리는 모습이 의아했나 보다.

방송 이후로 웃음치료에 대한 사람들의 관심이 많아졌다. 원광대학교 웃음치료과정 수강생이 늘기 시작했고 여기저기서 강의 문의도 쇄도했다. 강의도 더욱 자신 있게 하면서 앵콜강의도 배로 증가했다.

방송의 위력을 또 한 번 경험했던 적이 있다. 오래 전에 KCN 방송에 원광대학교 웃음치료사들이 출연하여 웃음치료와 레크리에이션 등을 했다. 방송국에서는 4주 동안 우리가 출연했던 방송을 방영해주었다. 그때도 많은 사람들이 알아보셨는데 식당에 가면 맛있는 음식을 더 많이 주셨던 기억이 난다.

웃음치료를 만나서 삶의 활력을 얻지 못했다면 내가 무슨 재주로 TV에 나오겠는가? 한번은 MBC 라디오 프로그램 '2시 만만세'에 다른 선생님들과 함께 1시간 동안 출연을 한 적이 있다. 처음에는 떨렸지만 함께 경청하고 소통하면서 하모니를 이루니 눈 깜짝할 사이에 1시간이 지나갔다.

꼭 이루고 싶은 간절한 꿈은 서울 KBS 아침 마당에 출연하여 대한민국 국민들에게 웃음의 메시지를 전달하는 것이다. 책을 쓰게 된 동기도 서울 KBS 아침 마당에 출연하는 꿈을 이루기 위한 것이다. 간절히 원한다.

나의 꿈은 대한민국 엄마가 행복한 세상을 만드는 것이다. 그러면 아빠는 덤으로 행복하고 우리 아이들은 덩달아 행복한 세상이 될 것이다. 꼭 이루어진다는 삶의 철학을 가지고 그날을 날마다 꿈꾸어 본다. 나의 멋진 그날을 상상하면서 강의장에서 나의 영혼을 불태우고 있다.

교통방송 TBN 차차차

> 웃음은 어떤 핵무기보다도 강하다.
> – 오쇼 라즈니쉬

2017년 4월 한 통의 문자를 받고 전화를 드렸다. 전주 교통방송 출연 요청이었기에 무척이나 기쁘고 설레었다. 방송 원고를 정리해서 보낸 후 두근두근 뛰는 가슴을 안고 방송국 도착. 김민경 PD, 홍현숙 작가께서 반가이 맞아주셨다.

방송 경험은 여러 번 있었지만 마음을 안정시켜야만 했다. 웃음을 찾아주는 '함께 웃어요.' 프로젝트였다. 우리 삶이 힘겨워 잃었던 웃음을 찾아주는 코너, 우리의 소명과도 일맥상통하는 코너였다. 멋진 이백희 MC와 함께할 수 있어서 무한한 영광이었다.

대한민국 국민은 행복해야 할 의무가 있기에 방송을 통해서 온 국민에게 웃음을 선물할 수 있어 이 또한 큰 기쁨이었다.

웃음치료의 목적은 첫 번째가 긍정적인 삶의 태도를 갖게 하는 것이다. 긍정적인 생각을 가지면 웃음의 효과 및 시너지는 무한한 경지에 이른다. 웃음치료는 자신감은 물론 자존감 향상에 더욱 빛을 발할 수 있다. 나약하고 모진 아픔 속에서 웃음을 만나 열정을 갖게 되었으니 나는 세상에서 제일 부유한 사람이 되었다.

전주교통방송 이백희 MC님과 웃음치료 진행

방송에서는 웃음치료를 만나서 변화된 사례 등을 모아서 소개하게 되었는데 많은 청취자들의 반응을 접할 수가 있었다. 웃음이라는 보물을 청취자 여러분들과 함께할 수 있다는 것은 큰 행복이었다. 11년의 웃음치료 생활에서 터득한 것을 매주 원고로 작성해서 보냈는데 나에게는 그 시간이 열정의 시간이었다.

방송을 하는 동안 들어오는 문자를 MC가 재치 있게 소개할 때 방송의 큰 묘미가 있었다. 어느 날 이백희 MC가 TBN 차차차 "마릴린 먼로 이현춘 교수를 소개합니다."라고 말했을 때를 생각하면 지금도 함박웃음이 피어난다. 재치와 칭찬의 마력에 또 한 번 놀랐다. 서로를 칭찬하는 문화로 더욱 멋진 방송을 함께할 수 있었다. 월요일 설렘으로 방송을 하고 나면 즐거움이 가득했다. 방송을 하면서 공부도 하는 뜻깊었던 날이었다.

익산의 친절 시내버스 김구영 선생님이 웃음코너를 들으면서 교통방송 채널 고정 애청자가 되었다고 칭찬을 해주었을 때 방송의 위력을 실감했다. 그 선생님은 웃음치료를 하고 강사의 꿈을 꾸면서 사람들에게 홍보맨이 되었다. 뿌듯함이 가슴속까지 전해져 왔다. 전화를 해주시는 분들이 많았고, 방송을 녹음해서 지인들에게 카톡으로 보낸다는 분들도 있어서 웃음치료의 위력을 다시 한번 실감케 했다.

방송을 듣는 청취자 한 분 한 분의 메시지는 나에게 큰 엔돌핀이었다. 교통방송 TBN 차차차를 통해서 소중한 경험을 나누고 지역사회에 웃음을 선물할 수 있어 의미 있는 시간이었다. 또한 MC를 볼 수 있는 기회도 주어져 내가 발돋움할 수 있는 기회가 되기도 했다.

　연말에는 사회를 볼 수 있는 기회가 많아서 행복했다. 선물과 칭찬 격려도 많이 받았다. 앞으로 더욱더 노력하는 강사, 초심을 잃지 않는 강사, 사명으로 웃음을 전해드리는 강사가 될 것이다. 다시 한 번 함께 방송하면서 응원해주신 관계자 여러분께 감사드리며 그분들께도 뜨거운 응원을 보내드린다.

어느 날 문득

"어느 날 문득 돌아다 보니 지나온 순간들이 꿈만 같았네."

2020년 벽두부터 시작한 바이러스는 일상을 송두리째 뒤집어 버렸다. 조금만 견디면 끝날 것 같던 코로나 19는 전 세계의 기대를 저버리고 계속 변이를 일으키며 확산을 멈추지 않고 긴 시간 이어져 우울함이 인류를 공포에 떨게 했다. 그나마 희망적인 소식은 백신 접종이 시작되었다는 것이다.

국내 역시도 움직일 수 없는 상황이라 하루가 불안감과 공포의 연속이 되었다. 강의가 끊어지고 기다림의 연속으로 숨이 멎을 정도의 답답함과 미래를 예측할 수 없는 공포가 나의 마음을 조여 왔다. 저녁이 되면 암흑의 세계로 이어지고 이 글을 쓰면서도 생각해 보니 그냥 멍하니 집에서 온종일 앉아 있을 때도 있었던 기억이 떠오른다. 나는 끊임없는 질문으로 변화구를 찾아야만 했고 절실했다. 또한 앞으로 시니어 시장 돌파구를 찾아야 한다는 생각에 많은 시간을 들여 고민하였고 시니어 브레인 케어 서울 본사 상담 후 혼자가 아닌 함께 할 수 있는 일을 찾게 되었다. 그럼에도 불구하고 감사한 마음으로 시작되었다. 함께 할 수 있는 일을 찾게 되었고 나는 발로 뛰면서 영업에 몰입하고 많은 사람들의 도움으로 시니어 브레인케어 맞춤형 전문기관을 통해 강사님 20명과 귀한 어르신들과 함께할 수 있어 행복한 나날이 시작되었다. 많은 어려움을 극복하면서 오늘에 이르렀다.

캐나다 인류학자 칼레르보 오베르는 "문화 충격"이라는 개념을 제시했다. 이는 새로운 문화에 진입하는 사람들이 기존의 익숙한 문화가 산산이 부서졌을 때 느끼는 불안감을 목격하고 문화 충격이라는 개념으로 소개 및 발표한 것이다. 그는 이러한 문화충격에 대해 엄청난 스트레스를 받고 적응을 시도하기란 두려움이 앞선다라고 말했다. 나 역시 "물 밖에 나온 물고기처럼" 느껴지는 좌절감과 불안이 교차되었다. 줌 강의 경험도 없었는데 강의가 들어오자 준비하기 위해 스스로도 놀라우리만큼 적응하려고 많은 노력과 집중이 필요했다. 『웃음은 나의 생명꽃』 저자 특강과 웃음 소통 리더십 전국 강연 요청으로 강의를 하면서 많은 것을 익히고 배우면서 성찰하는 시간이었다. 전국의 강사님들과 소통을 하면서 귀한 시간을 함께했다. 줌 강의를 하기 위해 많은 준비를 하면서 숨통이 트이게 되었다.

코로나19 삶의 충격은 지금 생각해 보니 긴 터널과 늪을 지나 끊임없는 노력과 도전이었다. 지금은 지역사회에 주간보호센터, 요양원 강사를 파견하는 기간으로 강사님들과 가족처럼 하루하루를 귀한 시간으로 보내고 있어 감사하고 행복한 나날이다. 함께하시는 센터의 어르신님, 선생님들의 건강을 기원한다. 시니어 브레인 케어를 믿고 맡겨주신 센터장님들께도 감사한 마음 전한다.

사랑하고 아름다운 울 강사님들께 고마운 마음 전하고 파이팅입니다.
고맙습니다.
감사합니다.
사랑합니다.

웃음은 인문학이다

웃음으로 회복하고 인문학으로 피어나다

　인생의 여정은 한 걸음부터 시작된다. 인문학은 인간을 탐구하고 사람다운 본질을 묻고 어떻게 살아야 할지를 성찰해야 한다.

　웃음만큼 인간다운 것이 있을까? '웃음 인문학'이란 인간의 삶 속에서 웃음이 지닌 의미와 가치를 예술의 관점에서 탐구하는 학문적 지혜라고 생각한다. 오직 인간만이 지닌 특별한 능력은 웃음이며 서로를 연결하는 다리이다. 사람은 누구나 절망을 마주하듯 한순간에 세상이 무너져 내린 듯 삶의 무게가 어깨를 짓누르는 시간이 있다. 그 속에서 피어나는 웃음은 삶을 버티게 하는 원천이 있다.

『웃음은 나의 생명꽃』책을 쓰면서 그 흘린 눈물만큼이나 많은 사랑을 받았다. 웃음도 작은 꿈과 용기에서 시작된다. 성공이란 매일 작은 노력과 습관이 쌓여 이루어지고 있다. 웃음은 오랜 친구와 밥이 되어 긴 세월이 흘렀다. 매일 아침 일어나 감사의 기도와 펩톡으로 시작한다. 전북 카네기 클럽에서 공부했던 나만의 노하우다.

이현춘 오늘은 내 생애 최초의 날이다.
이현춘 오늘은 내 생애 최고의 날이다.
이현춘 오늘은 내 생애 최고의 날이다.
파이팅! 파이팅! 파이팅!

세 번 외치면서 보내온 시간들이 나에게는 값진 순간들이며 목표를 만들게 했다. 강의를 전국적으로 하면서 좀더 깊이 있고 의미 있는 강의를 하고 싶어 행복한 웃음, 웃음인문학 강의를 하고 있다. 내가 바라고 소망했던 행복한 웃음 인문학 강의를 익산 시민대학에서 할 때 그 순간은 감격이었다. 오프닝 강의를 오랫동안 하면서 나의 꿈이 이루어지는 데 걸린 8년이라는 시간. 꿈이 발현되는 날 많은 사람들의 축복 속에서 영원히 잊을 수 없는 2023년 11월 7일. 긴 여정을 지나 행복한 웃음 인문학 강의로 80세까지 강의를 꿈꾸면서 끊임없이 비우고 채우면서 성장하는 시간들로 채우고 있다. 그 어려운 환경, 고난, 역경, 실현의 날들이 있었기에 오늘의 내가 존재한다고 생각한다. 맹자님 말씀에도 "하늘이 장차 큰 인물이 될 사람에게는 그 배를 굶주리게 하고 그 뼈를 아프게 하여 그 사람이 고난을 이겨낼 기국과 역량을 시험하니 인생의 큰 시련을 만났거든 자신이 하늘의 선택을 받았는지 생각해 보아라"는 이야기가 있다.

웃음치료를 원광대 평생교육원에서 코로나 때도 쉬지 않고 19년째 하고 있는 이유가 있다. 나로 인해 건강과 행복을 찾고 제2의 인생을 살아가는 강사님들을 보면서 이보다 더 귀한 일이 있을까? 웃음을 공부하다 보니 사람다움을 탐구하고 삶을 치유하고 희망을 찾게 되었다. 결국 웃음은 삶의 철학이며 나를 살리고 세상을 연결하는 인문학의 꽃이다라는 생각이 들었다. 웃음은 초긍정 마인드의 가장 순수한 언어. 대한민국은 3여 년 동안 불안과 초조함으로 경제 위기와 함께 불안한 나날이었지만 지금 2025년 10월이 얼마나 평화로운 나날인지 감사함뿐이다.

스토아 철학자들은 고난 속에서 태도를 선택할 자유가 인간에게 있다고 말했다. '吾唯智足'은 '모든 것은 마음먹기에 달렸다. 나 자신을 오직 만족하면서 살면 행복하다'라는 의미다. 웃음은 고난과 역경 속에서도 자유이자 마음의 연금술이다. 스토아 철학자들의 말씀처럼 태도와 자유, 일체유심조의 마음의 힘 근육을 단단하게 펼쳐보겠다.

깊은 밤 전국적으로 폭우가 내리고 있다. 천둥과 번개로 요란해서 무서움까지 다가온다. 하지만 또한 천둥과 번개는 공기 중의 질소와 산소를 결합해 질소산화물을 만들고, 비를 통해 내려와 천연

비료 역할을 한다. 그로 인해 토양이 비옥해지고 식물이 쑥쑥 자라게 되는 것이다. 하루하루를 감사한 마음으로 샤워를 해보는 건 어떨까?

나는 앞으로도 웃음을 전하는 인문학 강사로서 나 자신을 갈고 닦으며 한 사람이라도 환하게 밝히는 일을 멈추지 않을 것이다.

지금도 끊임없는 배움으로 웰다잉, 기후환경, ESG지도사, MBTI, 파크골프 등 각종 지도사, 자격증과 수료증까지 80여 개에 도전하고 있다.

눈물의 시간을 지나면서도 침묵이 나를 지탱해주는 언어가 되었음을 이제야 알았다.

　인문학은 인간답게 사는 법을 묻는다. 지금까지 잘 견뎌온 나에게 고맙다고, 감사하다고, 행복하다고 껴안아준다. "웃음은 인문학이다" 전자책을 7인의 강사님과 함께하면서 좋은 결과가 나와 북 콘서트를 앞두고 있기에 설레임의 나날을 보내고 있다.

　하루하루 감사한 나날입니다. 『웃음은 나의 생명꽃』이 그간 흘린 눈물만큼이나 사랑을 많이 받고 개정판 2쇄를 내게 되어 행복합니다. 『웃음은 나의 생명꽃』을 사랑해주셔서 고맙습니다. 행복에너지 권선복 대표님이 늘 응원 주신 덕분에 용기 내어 마무리할 수 있었습니다.

　『웃음은 나의 생명꽃』을 사랑해 주셔서 고맙습니다.
　고맙습니다, 감사합니다, 사랑합니다

나에게 솔직해져 보십시오.
도대체 무엇이 나를 행복하게 하는지.
세상이 일방적으로 정해놓은 성공의 기준이 아닌
내 안에서 무엇을 원하는지. 남들에게 행복하게 보이는 것이
중요한 것이 아니고 나 자신이 정말로 행복한 것이 중요합니다.

- 『멈추면 비로소 보이는 것들』 中

Epilogue

감사합니다. 사랑합니다!

무심코 들여다본 거울 속에서 세상살이에 찌든 내 모습을 발견하고 우울했던 적 없는가? 인상을 쓰고 있는 상대방 때문에 상처받은 적은 없는가? 웃어야 한다는 것을 너무나 잘 알면서도 좀처럼 잘 되지 않는 것이 바로 '웃음'인 것 같다.

다시 한번 말씀드리지만 웃음은 부작용 없이 질병을 치유하고 예방하기까지 하는 신이 인간에게 주신 고귀한 선물이다. 우리 뇌는 진짜 웃음과 억지웃음을 구분하지 못한다. 그러니 억지웃음이라도 웃으면 진짜 웃음과 같은 효과를 누릴 수 있다. 얼굴의 근육을 이완

시키고 뇌를 자극해 스트레스 지수를 낮추는 효과가 있다.

　스트레스 많은 세상, 웃을 일이 점점 없어지는 세상, 나부터 웃어보자. 웃음은 전염성이 강해 내가 먼저 웃으면 당신을 바라보는 사람도 저절로 미소 짓게 되어 있다. 스트레스 받을수록 억눌린 가슴을 내밀고 크게 한 번 '하! 하! 하!' 웃으시기를 당부드린다. 웃음을 통해 마음속에 희망이 샘솟고, 당신의 삶의 가치가 새로워지며, 내 자신이 가치 있는 존재라는 것을 깨달을 수 있다고 말해드리고 싶다.

　건강을 잃고 삶의 의욕마저 잃었다가 웃음을 통해 새롭게 태어나 제2의 오프라 윈프리를 꿈꾸며 웃음전도사로 열심히 뛰어다니고 있는 필자가 '웃음치료'의 산 증인이다.

　나에게 웃음은 보석보다도 빛나는 선물이다. 삶의 가장 힘든 고비에서 웃음치료를 만나 내 삶이 꽃처럼 활짝 피어났다는 것을 책을 쓰면서 깨달았다. 삶의 어느 순간에는 애틋한 마음도 들었지만 책을 쓰는 시간 동안이나마 지나온 삶을 돌아볼 수 있어 감사했고 행복했다.

　『웃음은 나의 생명 꽃』을 집필하는 동안은 스스로에게 할 수 있다는 자신감으로 칭찬하며 행복하게 달려온 시간이었다.

　나에게는 감사드릴 분들이 너무 많다. 먼저 책을 쓸 수 있게 끊임없이 응원을 해주신 데일 카네기 전북지사 유길문 지사장께 진심으로 감사드린다.

　"꼭 쓰실 수 있어요."라고 끊임없이 에너지를 불어넣어 주신 '시너지 책 쓰기' 코칭센터 오경미·이은정 코치께 감사드리며 특히 늦은 밤까지 끊임없이 응원해주신 오경미 작가 덕분에 더욱 힘을 얻어 책을 쓸 수 있었다. 아울러 리더스 클럽 독서토론 회원들과, '할 수 있다'는 자신감을 심어주신 '시너지 책쓰기' 6기 동기들에게도 고마움을 전한다.

국제웃음치료 한광일 총재께서는 최고의 칭찬으로 끊임없이 응원을 해주시며 내게 큰 기쁨을 주셨다. 진심으로 감사드린다. 나는 앞으로 국제웃음치료협회 지회장으로서 맡은 바 임무를 열심히 충실하게 할 것이다. 그 외에도 국제 웃음치료협회 석좌교수님들, 강사님들과 많은 응원을 보내 주신 여러분들께도 고마운 마음을 전한다. 또한 행복에너지 권선복 대표님의 소중한 인연으로 열정과 긍정으로 용기를 주시고 세심한 배려에 감사와 감동이 밀려왔다. 『웃음은 나의 생명꽃』을 잘 마무리 할 수 있게 도와주셔서 다시 한번 깊은 감사를 드린다.

용인의 옛터 갤러리, 국제아트협회 이서영 회장님 따뜻한 마음으로 항상 응원주셔서 감사드린다. 또한 열린 사이버 대학교, 국제예절협회 송기문 회장님께도 깊은 감사를 드린다.

2016년 성공인 대상을 받고, 한국강사은행에서 소중한 인연을 맺은 서재균 대표께 진심으로 큰 감사를 드린다. 글감이 떠오르지 않아 힘이 들 때마다 찾아가면 맛있는 식사와 칭찬으로 사기를 높여주신 웰메이드인디안 이다진 대표님께 감사드린다. 늘 열정적으로 응원해주신 데일 카네기 이숙현 강사, 나에게 책을 쓸 수 있도록 동기를 부여해주신 홍영순 작가께도 감사드린다.

익산시청 이명희 과장께서는 도서관에서 내가 마음을 터놓고 이야기할 수 있었던 친구이다. 항상 따뜻한 위로를 해주고 눈물을 닦아주었다. 칭찬과 응원을 해주셨던 행복한 시간들을 영원히 잊지 못할 것이다.

귀한 추천사를 써주신 전주교육대학교 14대 총장이신 유광찬 총장, 성공사관학교, 고려대 명강사 최고위과정 서필환 교장 선생님, 원광대학교 평생교육원 이남희 원장, 도서출판 행복에너지 팡팡 권선복 대표, 파워 블로거 양성길 교수, 봉숭아 학당 성창운 총장께도 감사드린다. 이분들에 대한 고마운 마음은 평생 간직할 것이다.

늘 말없이 나를 지켜주고 아껴준 남편은 나에게는 하늘보다 더 높고 넓은 사랑을 주는 존재였다. 책을 쓰면서 깊이 깨달았다. 남편은 나의 유일한 사랑이다.

"이충복 씨, 고맙습니다. 감사합니다. 사랑합니다."

책을 쓰고 나서 나의 마음과 발걸음이 가벼워졌다. 책이 세상에 나오기를 기다리며 설렘 가득한 나날을 보낼 수 있었다. 앞으로 내 삶의 철학인 '역지사지易地思之'를 떠올리면서 나보다 남을 생각하고 배려하며 나눔을 실천하는 가치 있는 삶을 살고 싶다.

출간후기

우리를 다시 일어나게 하는
희망의 웃음

권선복
도서출판 행복에너지 대표이사
한국정책학회 운영이사

살다 보면 누구나 한 번쯤은 마음이 무너지는 순간을 맞이합니다. 웃을 힘조차 사라지고, 세상이 회색빛으로만 보이는 날들. 그때 우리를 다시 일으켜 세우는 것은 거창한 철학이 아니라 누군가의 따뜻한 미소 한 줄기일지도 모릅니다. 이현춘 저자의 삶은 바로 그 '한 줄기 웃음'이 얼마나 위대한 힘을 지니는지를 보여줍니다.

『웃음은 나의 생명꽃』의 이현춘 저자는 본인과 가족의 건강 문제 등으로 평범한 일상 속에서도 수많은 시련과 좌절을 경험한 바 있었습니다. 하지만 저자는 이러한 역경과 고난 속에서도 다시금 자신을 일어날 수 있게 해준 힘은 다름 아닌 '웃음'이라고 이야기합니다. 어려운 상황 속에서 걱정과 원망이 쌓여가면서 악화되었던 것들이 웃음의 힘을 배우고 실천하면서 자연스럽게 해결되기 시작했다고 저자는 이야기합니다.

웃음은 단순한 표정이 아닙니다. 그것은 용기이며, 치유이며, 희망의 또 다른 이름입니다. 이현춘 저자는 바로 그 웃음을 통해 자신을 치유하고, 세상과 다시 연결되었습니다. 그리고 자신의 경험을 발판 삼아, 지금은 수많은 사람들에게 "웃으면 인생이 달라진다"는 진리를 전하고 있습니다.

이렇게 저자가 수년간 강연을 비롯한 다양한 만남 속에서 함께한 사람들의 이야기, 웃음 속에 녹아 있는 진심과 눈물, 그리고 그 속에서 다시 피어난 삶의 향기는 2018년 첫 발간 이후 많은 독자들에게 공감을 불러일으켰습니다. 그리고 2025년에 다시 돌아온 『웃음은 나의 생명꽃』 개정증보판은 이러한 독자들의 성원과 공감 속에서 탄생한 더 깊고, 더 진실한 인생 고백서입니다. 이 책을 읽다 보면, '웃음이야말로 삶을 바꾸는 가장 단순하고 강력한 힘'임을 깨닫게 됩니다. 웃음은 지친 영혼을 일으키고, 상처 난 관계를 치유하며, 무너진 자신감을 회복시켜 줍니다.

개인의 행복을 넘어, 세상을 조금 더 따뜻하게 만드는 빛이 되는 이번 『웃음은 나의 생명꽃』 개정증보판이 더 많은 이들의 가슴속에 희망의 불씨를 지피고, 웃음의 꽃을 피워내는 삶의 선물이 되기를 진심으로 바랍니다.

함께 보면 좋은 책들

그리움의 사중주

이한길 지음 | 값 22,000원

이번에 출간되는 이한길 시인의 네 번째 시집 『그리움의 사중주』는 그간 이한길 시인이 꾸준히 탐구했던 '사랑'이라는 주제를 더욱 심화시켜 더 깊이 있게 다듬어진 시어로 이야기하고 있는 작품이다. 또한 '문예빛단 신인상'으로 새롭게 시의 세계에 발걸음을 들여놓은 이한길 시인의 배우자 김정선 시인의 작품이 함께하여 부부이자 동시에 사제 관계가 어우러지는 문학적 교감이 시의 멋스러움을 더한다.

꿈, 일, 그리고 삶, 멘토를 만나라

김원배, 손세근, 정은상 지음/ | 값 22,000원

『꿈, 일, 그리고 삶, 멘토를 만나라』는 불안과 방황 속에서 길을 잃은 청춘과 새로운 전환점을 준비하는 중장년에게 따뜻한 멘토의 손길을 전하는 책이다. 특히 이 책은 진로와 자기계발을 고민하는 청년들이 잘 정리된 실전 정보를 흡수하고, 체크리스트를 통해 현재 자기 자신의 상태를 정확히 확인하여 자기 삶의 주인공으로 성장하는 데에 큰 도움을 줄 수 있을 것이다.

독서와의 전쟁

최재혁 지음 | 값 22,000원

이 책 『독서와의 전쟁』은 학창시절 '문제아 공고생'으로 불리던 저자가 어떻게 책을 통해 삶을 뒤바꾸고, 결국 언론사 대표로 성장했는지를 기록한 자기 변화의 이야기이다. 저자는 '독서는 즐거워야만 지속할 수 있다'를 기반으로 하여 독서와 글쓰기를 통해 성장하는 즐거움을 맛보는 과정을 가이드하는 한편 자신이 인상 깊게 읽었던 책들과 특히 독자들에게 추천하고 싶은 책을 소개하기도 한다.

마음의 주인이 되는 길
공병영 지음 | 값 20,000원

이번 시집은 단순한 문학작품을 넘어 한 사람의 삶의 고백이자, 혼란스러운 시대를 살아가는 이들에게 전하는 치유와 회복의 메시지다. 책은 "삶의 본질은 외부의 성취가 아니라, 나의 마음을 주인으로 세우는 일"이라는 단순하지만 위대한 진리를 화려한 수사가 아닌, 치열한 체험에서 길어 올린 단순하고 깊은 언어로 두드린다. 또한 때로는 쓰라린 고백으로, 때로는 따뜻한 위로로 이 시집은 묻는다.

엠씨 플로우
김정아 지음 | 값 22,000원

이 책은 단순한 이론서가 아니라, 실제 무대에서 벌어지는 상황과 그 해결 과정을 담아낸 '현장형 스피치 가이드북'이다. 26년여간 약 1만여 건의 행사를 성공적으로 진행한 바 있는 저자 김정아 아나운서의 발음 교정부터 실전 무대 진행까지 현장감 넘치는 실전 사례들은 MC를 꿈꾸는 사람은 물론, 회의, 프레젠테이션, 강연 등 말로 사람을 움직여야 하는 상황에 처한 모든 이들에게 큰 도움이 되어줄 것이다.

인연의 향기
최세규 지음 | 값 22,000원

시집 『인연의 향기』는 5부에 걸쳐서 시인의 심상을 드러내고 있다. 때로는 아름답고 투명하고, 때로는 외롭고 처절한 시어들로 자아낸 간결하면서도 짙은 호소력을 지닌 시들은 구구절절 가슴에 와닿고 행간에 숨겨진 알토란 같은 감성들이 내면을 자극한다. 눈에 보이는 듯한 시각적 심상과 부드러운 어조로 독자의 마음의 빗장을 부드럽게 열어젖히며 군더더기 없이 충실하게 독자의 내면을 두드린다.

Happy Energy books 좋은 원고나 출판 기획이 있으신 분은 언제든지 **행복에너지**의 문을 두드려 주시기 바랍니다.
ksbdata@hanmail.net   www.happybook.or.kr   단체구입문의 ☎ 010-3267-6277   도서출판 행복에너지

하루 5분, 나를 바꾸는 긍정훈련
행복에너지

'긍정훈련' 당신의 삶을
행복으로 인도할
최고의, 최후의 '멘토'

'행복에너지
권선복 대표이사'가 전하는
행복과 긍정의 에너지,
그 삶의 이야기!

NAVER 선정
베스트
셀러

권선복 지음

권선복

도서출판 행복에너지 대표
영상고등학교 운영위원장
대통령직속 지역발전위원회
문화복지 전문위원
새마을문고 서울시 강서구 회장
전) 팔팔컴퓨터 전산학원장
전) 강서구의회(도시건설위원장)
아주대학교 공공정책대학원 졸업
충남 논산 출생

책 『하루 5분, 나를 바꾸는 긍정훈련 - 행복에너지』는 '긍정훈련' 과정을 통해 삶을 업그레이드하고 행복을 찾아 나설 것을 독자에게 독려한다.
긍정훈련 과정은 [예행연습] [워밍업] [실전] [강화] [숨고르기] [마무리] 등 총 6단계로 나뉘어 각 단계별 사례를 바탕으로 독자 스스로가 느끼고 배운 것을 직접 실천할 수 있게 하는 데 그 목적을 두고 있다.
그동안 우리가 숱하게 '긍정하는 방법'에 대해 배워왔으면서도 정작 삶에 적용시키지 못했던 것은, 머리로만 이해하고 실천으로는 옮기지 않았기 때문이다. 이제 삶을 행복하고 아름답게 가꿀 긍정과의 여정, 그 시작을 책과 함께해 보자.

"좋은 책을 만들어드립니다"
저자의 의도 최대한 반영!
전문 인력의 축적된 노하우를 통한 제작!
다양한 마케팅 및 광고 지원!

최초 기획부터 출간에 이르기까지, 보도자료 배포부터 판매 유통까지! 확실히 책임져 드리고 있습니다. 좋은 원고나 기획이 있으신 분, 블로그나 카페에 좋은 글이 있는 분들은 언제든지 도서출판 행복에너지의 문을 두드려 주십시오! 좋은 책을 만들어 드리겠습니다.

출간도서종류▶
시·수필·소설·자기계발·
일반실용서·인문교양서·평전·칼럼·
여행기·회고록·교본·경제·경영 출판

도서출판 행복에너지
www.happybook.or.kr
☎ 010-3267-6277
e-mail. ksbdata@daum.net